华为国际化

周锡冰／著

中信出版集团｜北京

图书在版编目（CIP）数据

华为国际化 / 周锡冰著. — 北京：中信出版社，2020.4
ISBN 978-7-5217-1422-7

Ⅰ.①华… Ⅱ.①周… Ⅲ.①通信企业 – 国际化 – 企业发展战略 – 研究 – 深圳 Ⅳ.① F632.765.3

中国版本图书馆 CIP 数据核字 (2020) 第 022422 号

华为国际化

著　　者：周锡冰
出版发行：中信出版集团股份有限公司
　　　　（北京市朝阳区惠新东街甲 4 号富盛大厦 2 座　邮编　100029）
承 印 者：北京诚信伟业印刷有限公司

开　本：880mm×1230mm　1/32　印　张：8　字　数：150 千字
版　次：2020 年 4 月第 1 版　　　　印　次：2020 年 4 月第 1 次印刷
广告经营许可证：京朝工商广字第 8087 号
书　号：ISBN 978-7-5217-1422-7
定　价：52.00 元

版权所有·侵权必究
如有印刷、装订问题，本公司负责调换。
服务热线：400-600-8099
投稿邮箱：author@citicpub.com

自 序

当我联合大学商学院教授、智库创始人、媒体记者、风投创始人等复盘和研究华为 20 多年的国际化历程时发现，华为国际化的整个进程始终充满崎岖和坎坷，有时跌宕起伏，有时波澜壮阔，有时有惊无险，有时却是近乎万丈深渊……

当华为这艘巨轮驶出蓝海时，作为船长的任正非就已经非常清楚，华为的出征意味着"路漫漫其修远兮，吾将上下而求索"般的迷茫与渴望。毕竟，在中国企业国际化的征途中，没有太多的成功案例和经验可以借鉴，唯有摸着石头过河。

1994 年，带着探索王安电脑公司是如何破产的好奇心，任正非踏上了访问美国的路途。任正非此行不仅要探寻王安电脑公司破产的缘由并引以为鉴，更为重要的是去探寻，已经步入规模化的华为未来该何去何从。基于这样的战略意义，任正非拉开了与世界跨国企业经营者相互对话和竞争的历史大幕。

华为国际化

由此，华为国际化的道路有了全球坐标。

华为国际化的市场拓展基于当时的华为愿景、任正非的战略判断，以及华为面临的困局。

（1）华为成为世界级领先企业的愿景。《华为基本法》第一条写道："华为的追求是在电子信息领域实现顾客的梦想，并依靠点点滴滴、锲而不舍的艰苦追求，使我们成为世界级领先企业。"

（2）中国市场虽大，但饱和是必然的。20世纪90年代，中国即将加入世界贸易组织，这意味着华为要与跨国企业直接在中国本土市场展开竞争，曾经的战略纵深已经不复存在。

（3）在此起彼伏的中国电信业建设高潮中，华为并未达到战略预期。当联通在资本市场急行军时，选择了CDMA（码分多址）1995加强版而不是华为研发的CDMA2000，同时华为更为看中GSM（全球移动通信系统）的市场。结果是，在爱立信等公司的围堵中，华为研发的GSM产品始终无法突破重围。华为只在部分边缘省份拿到一些订单，在大市场上的订单寥寥。同时华为决策层出现战略误断，如错失"小灵通"几百亿的市场，拒绝做手机等。正是这些战略失误，让历年高歌猛进的华为在2002年出现了第一次负增长……

事后证明，任正非启动华为的国际化引擎，让华为这匹"脱缰的野马"挣脱了羁绊和束缚，在充满前景的国际市场纵横驰骋的同时，也展现了自己的实力和价值——2018年，华

自 序

为的海外营业收入达到3 484.80亿元,占营业收入的48.4%。

华为能够取得如此业绩,离不开华为的国际化策略。

(1)遵循所在国的法律法规。

(2)以客户为中心,以奋斗者为本,长期坚持艰苦奋斗。清洗和深耕海外市场中的"盐碱地市场"和"鸡肋市场"。不管是马来西亚的丛林,还是战乱的非洲,华为的身影随处可见。即使在日本这样高要求的市场,华为提供的极致产品和服务也能让日本客户满意。

(3)华为把引以为傲的中国本土市场的"农村包围城市"战略复制到俄罗斯、非洲、拉美等国际化市场的拓展中。

(4)与世界著名的咨询公司合作,向IBM(国际商业机器公司)这样的企业拜师学艺。

(5)以重金研发为前导,以认证为后盾。

(6)遵循"以土地换和平"战略。在欧洲市场,华为开展以市场换友商,以利益换伙伴,以价值链共荣的战略合作。

(7)参加会展,展示华为的产品研发实力。

(8)邀请客户到中国(香港、北京、上海、深圳)参观,尤其是参观华为总部。

(9)即使客户标的再小,华为也坚持超出预期地满足客户需求,由此赢得客户的认可。

(10)坚持双赢,这是华为国际化拓展中的指导思想,在泰国、南非、马来西亚、新加坡、墨西哥等国,华为不仅开拓了市场，还解决了当地的就业，给当地的通信业带来了质的提升。

（11）建立可控的全产业供应链体系。当美国商务部的工业和安全局把华为列入"实体清单"后，华为及时调整自身的供应链战略，迅速"去美国化"，保证了华为的"美国供应商脱敏"。

经过多年的探索，华为已经构建一个由浅入深的"国际化睡莲"战略根据地，达到"进可攻，退可守"的战略目的。目前，华为业务遍及170多个国家和地区，服务30多亿人口。或许正是这样的探索，才使任正非和华为高管在接受媒体采访时能够胸有成竹地回应美国的"实体清单"，也可以毫无惧色地称，没有谷歌，华为手机一样能做到世界第一，只不过需要时间。此外，任正非也告诫华为人要理性地看待"民族情绪"。

华为在30多年的岁月里完成了从创业公司到世界领先企业的蜕变，书写了中国企业走出国门，迈向国际化蓝海市场，自强不息的一段创业维艰的传奇。华为的国际化进程其实就是一部企业管理史，同时也展现了任正非的果敢和"敢为天下先"的自我思维进化，对产品质量、组织转型的不懈探索，以及打造世界级领先企业的梦想和情怀。

目 录

自 序 / I

第一部分 孕育梦想

第 1 章 赴美考察 / 003
考察波士顿 / 003
客户需求和技术创新双轮驱动 / 007

第 2 章 香港练兵 / 013
完成"不可能完成的任务" / 013
加速 3G 商用进程 / 015

第二部分 出征海外

第 3 章 拓展俄罗斯市场 / 023
沟通与接触 / 023
头班车的车票 / 026

第 4 章　拉美拓展 / 030

先国家，再公司 / 030

竞标跨太平洋电缆项目 / 032

打破墨西哥困境 / 035

第 5 章　"联接"南非 / 038

南非"最佳雇主" / 038

挡子弹的 P8 手机 / 040

第 6 章　泰国"双赢" / 045

坚持"双赢" / 045

两年的全额退款服务 / 049

赞助体育赛事 / 050

进我们渠道可以，你们每人先喝完五杯啤酒 / 051

第三部分　突击欧美

第 7 章　寻找突破点 / 057

没能完成的任务 / 058

获得英国电信的认证 / 060

分布式基站 / 062

第 8 章　屡败屡战，轮番进攻 / 066

放在技术要求最高的国家测试 / 066

华为是谁？客户不想见你 / 069

最终赢得了机会 / 071

在西班牙进行测试实验局 / 073

目 录

第 9 章　思科发难 / 077

知识产权之战 / 077

约翰·钱伯斯眼中的竞争者 / 080

亲临华为展台 / 083

敢打才能和，小输就是赢 / 084

第四部分　深耕非洲

第 10 章　挺进尼日利亚 / 093

夹缝中求生 / 093

Yes! Huawei can / 098

尼日利亚广阔的市场前景 / 104

第 11 章　肯尼亚探险 / 108

品牌构建之战略关键 / 108

危若累卵，如履薄冰 / 110

改变市场策略 / 112

第五部分　布局东南亚

第 12 章　涉足新加坡 / 117

不计成本 / 118

赢得 5G / 120

第 13 章　开发日本 / 121
　　产品质量 VS 以客户为中心 / 121
　　与当地机构展开多领域合作 / 126

第 14 章　获得马来西亚认可 / 129
　　海拔 3 272 米的站点建设和维护 / 130
　　T3 计划 / 132

第六部分　以土地换和平

第 15 章　国际化 2.0 / 139
　　"种子"市场 / 139
　　遭遇成本上升 / 141

第 16 章　友商时代 / 144
　　向拉宾学习，以土地换和平 / 144
　　付出合理费用，扩展市场空间 / 147

第 17 章　天下结盟 / 152
　　和而不同 / 152
　　合资组建华为 3Com / 153
　　合资式盟友 / 155
　　契约式战略联盟 / 158

目 录

第 18 章　绝不做市场的破坏者 / 161

　　与友商共存双赢，不扰乱市场 / 161

　　"龟兔赛跑"比的不是速度，而是耐力 / 165

第七部分　再造华为

第 19 章　继往开来 / 171

　　回答媒体的质疑 / 171

　　点燃达沃斯 / 173

第 20 章　共生生态 / 177

　　建立共生的价值生态系统 / 177

　　和强者要有竞争也要有合作 / 180

第 21 章　技术领先 / 182

　　专利大户 / 182

　　技术领跑 / 186

第 22 章　文化遵从 / 189

　　始终把跨文化提升到重要的位置 / 189

　　中国企业国际化的难题不是管理，而是文化整合 / 192

第 23 章　开放、合作与共赢 / 197

　　绝不因为坚持某些优势而放弃开放 / 197

　　一旦追求封闭，无疑是自寻死路 / 200

第八部分　危机管理

第 24 章　战略撤退 / 205
　　曲线入美 / 205
　　一步一个脚印 / 207
　　无果而终 / 209

第 25 章　绝地逢生 / 212
　　战机补洞 / 212
　　替换美国 33 家供货商 / 214
　　华为芯片转"正" / 218
　　华为鸿蒙系统 / 220

第 26 章　合纵连横 / 224
　　出售 5G 技术，打消西方疑虑 / 224
　　苦练内功，争取友商 / 227

后　　记 / 231

参考文献 / 237

第一部分　孕育梦想

第1章 赴美考察

改革开放后,阳光涌进了中国通信业。正当深圳成为资本追逐者的淘金天堂时,华为创始人任正非不为所动,带领他的"连队"夜以继日地埋头苦干,由此确立了中国通信企业自主研发道路的发展方向。

解决了产品研发和制造问题后,华为的未来发展又如高山一般横亘在任正非面前,当任正非在媒体上看到王安电脑公司破产的新闻后,陷入沉思。随后任正非决定赴美考察,寻找答案。在考察归来后,任正非心潮澎湃,洋洋洒洒地叙述了自己赴美考察的心得和体会——《赴美考察散记》。让任正非自己都没有想到的是,此次考察不仅改变了华为之后的国际化发展途径和竞争方式,同时也成为提升华为竞争力、超越世界通信企业的起点。

考察波士顿

1993年,华为的发展迈入一个新的台阶,危机意识较强的任正非开始思索华为未来的发展方向。

1991年曾经风光无限的王安电脑公司宣布申请破产保护，这让任正非无比震惊。震惊之余，带着探寻王安电脑公司陨落真相的使命，任正非出访了波士顿。

波士顿位于美国东北部大西洋沿岸，创建于1630年，因为"波士顿倾茶事件"引发美国独立战争，至今拥有近400年的历史。在任正非的眼里，1994年的波士顿依旧是那么美丽。在《赴美考察散记》一文中，任正非写道：

波士顿是座美丽的城市，而且是南北战争的策源地，也是当年欧洲人开发美洲大陆的窗口。古老的房屋收拾得十分整齐，外表都刷着朴实的油漆。

这个城市的美，在于城市中处处都保留着小片小片的森林。沿街全是绿茵茵的草地，草地上种着阔叶树。这些枫树、橡树，冬天叶子都要掉得光光的。现在是秋天，树叶红的、绿的、黄的、黄绿的、褐色的、深红色的……在阳光的照耀下，全透明了，如诗如画，纷纷飘落的树叶，铺满了绿草地，好像一条五彩斑斓的地毯。①

在波士顿任正非一行考察了CP公司（专门生产电源的公司）。据任正非回忆称，CP公司是美国众多小公司中的一家，但

---

① 任正非. 赴美考察散记[J]. 深圳特区科技，1996（4）：38-41.

却给任正非留下了较深的印象。CP 公司如同一个窗口,让任正非了解到美国人执着的钻研精神和认真的工作态度。例如,CP 公司的管理井井有条,各类管理文件十分清晰、准确。

此外,美国人认真专注的工作精神,精益求精的工作作风,毫无保守的学术风气让任正非极为震撼。这为日后任正非选择 IBM 作为自己的"师傅"埋下了伏笔。

任正非写道:"美国人没有像中国人那么多远大的理想,没有胸怀祖国、放眼世界的空洞抱负,也不像我们那样充满幻想。这个民族踏踏实实、不屈不挠的奋斗精神是值得我们学习的。"[①]

除了波士顿,拉斯维加斯也给了任正非不一样的认识。当波士顿参观结束后,任正非一行专程参观了位于拉斯维加斯的国际消费类电子产品展览会(International Consumer Electronics Show,简称 CES),大约有 50 万人参观该展览。

CES 让任正非看到了中美之间当时的技术差距,更为重要的是,任正非觉察到了技术在企业竞争中的作用。任正非反思说:"中国人不出去看一看,闭门造车,不仅不可能赶上别人,而且可能从时代的列车上摔下来。"

2019 年 5 月 20 日,德国电视台纪录片记者采访任正非时说:"我看了您写的《赴美考察散记》这篇文章,2019 年读这篇文章也挺有意思的,您对于美国当时有非常多的敬佩之情,而

[①] 任正非. 赴美考察散记 [J]. 深圳特区科技,1996(4):38-41.

且把自己放在比较弱势的地位,包括华为的管理。当时您看来,美国是充满希望、充满前途的国家,是吗?"任正非回答道:

是的。《解放军报》有对西点军校的连载描写,对西点军校的作风,我的印象比较深刻。所以,我们在早期建设公司时,是学习西点的风格来管理的。当然,我们是一个生产企业,不可能像军队那么不讲成本。

我到美国以后,亲眼看到美国是什么样了,以前我们没有出过国门。改革开放以前,我们还以为全世界三分之二的人都在受苦受难,就我们吃饱肚子,别人没有吃饱肚子,需要我们去解救,当时我们对世界还是这样的理解。当我们走出国门一看,才发现只有我们才是贫穷的,别人都不贫穷,才知道社会是什么样子,思想上有了一个开阔。

1994年底,格力电器董事长董明珠也出访了美国。对于在美国的见闻,董明珠坦言收获不小。回国后,董明珠写道:"去年(1994)12月,我随全国政研会和全国轻工总会组织的赴美考察团,从美国的西海岸洛杉矶入境,到俄克拉何马城、纽约、华盛顿参观、考察,行程几千里,时间20天,虽属走马观花,但仍感收获颇丰,印象鲜明。"[①]此后,华为和格力两家企业在

---

① 董明珠.赴美考察散记[J].思想政治工作研究,1995(5):38-39.

1994年之后彻底走上同一条重视研发的路。

《华为投资控股有限公司2018年年度报告》数据显示，华为2018年总收入7 212亿元（约合1 070亿美元），同比增长19.5%，净利润593亿元，同比增长25.1%。华为的研发费用为1 015亿元，占收入的14.1%，近10年研发费用为4 800亿元。正是因为华为的巨额研发投入，才保证了华为营业收入的持续稳步增长。

客户需求和技术创新双轮驱动

拉斯维加斯的参观让任正非眼界大开，更是把"技术就是竞争力"根植在内心，同时任正非也十分清楚，只有把技术真正地融入产品，才能如虎添翼。任正非写道："参观这次国际展览，我们仅有一天，拼命地在厅里跑，才勉强参观完一个厅。之后才知有七个厅，至少需要七天。对国际电脑的发展，大开眼界。找到我国电脑工业将日落西山的感觉，找到我们不拼命发展技术，最终会丢失全部市场的感觉。"[①]

正是此次考察，促使任正非倾尽人力、物力、财力投入产品研发，由此拉开了中国民营企业重金研发，以技术为核心拓展国际化市场的序幕。对此，任正非反思道："华为这几年走过

---

① 任正非. 赴美考察散记[J]. 深圳特区科技，1996（4）：38-41.

的路是对的,还不够,应大胆地往前走、往前走。参观这次展览,我们才体会到什么是技术危机与市场危机。"

任正非认为,只有解决了技术危机与市场危机,才能避免类似王安电脑公司破产的事情发生。对于任何一个企业来说,要想继续引领行业,必须"以客户为中心"进行创新。

回顾当初,王安电脑公司是一家伟大的跨国公司。微软创始人比尔·盖茨就曾说道:"如果王安电脑公司没有陨落,世上可能就没有如今的微软。我可能在某个地方做数学家或律师。"

比尔·盖茨给予较高评价的王安电脑公司由美籍华人王安创建,不仅可以与IBM分庭抗礼,而且还叱咤于美国电子市场。20世纪80年代中期,王安电脑公司达到了自创业以来的鼎盛时期,年收入高达30亿美元,在全球共雇用3.15万名员工。王安彼时拥有20亿美元的个人财富,登上了美国十大富豪榜。

然而,高光时刻过后,王安电脑公司开始面临危机。1990年3月24日,70岁的王安因癌症去世。随着创始人王安的病逝,王安电脑公司的经营境况更加不理想,不仅逐渐失去了市场占有率,还逐渐失去了顾客对王安电脑公司东山再起的信心。

1992年6月30日,根据王安电脑公司披露的财务报告,王安电脑公司的年终盈利降至19亿美元,王安电脑公司的市值也由56亿美元跌至不足1亿美元。

1992年8月,王安电脑公司不得不宣布破产。就这样,一

第一部分　孕育梦想

个曾经灿烂辉煌的电脑帝国就此落下帷幕。

王安电脑公司的倒下让任正非警醒。虽然华为正处在高速发展阶段，但是也可能重蹈王安电脑公司的覆辙。任正非曾写道："王安公司三年前还年销售 35 亿美元，现在宣布破产保护。日本三菱这么强大的集团，退出了电脑生产。这种强烈的危机感，推动整个世界的前进。华为被历史摆在了一个不进则退的地位，科海无边，回头无岸，错过了发展机遇，将会全军覆没。"

从美国考察归来后，任正非同时也在深刻反思王安电脑公司倒闭的原因，他最后提出，坚持"以客户为中心"的经营理念。在内部讲话中，任正非说道："公司唯有一条道路能生存下来，就是客户的价值最大化。有的公司是为股东服务，股东利益最大化，这其实是错的，看看美国，很多公司的崩溃说明这一口号未必就是对的；还有人提出员工利益最大化，但现在日本公司已经好多年没有涨工资了。因此我们要为客户利益最大化奋斗，质量好、服务好、价格最低，那么客户利益就最大化了，客户利益大了，他有再多的钱就会再买公司的设备，我们也就活下来了。我们的组织结构、流程制度、服务方式、工作技巧一定要围绕这个主要的目的，好好地进行转变来适应这个时代的发展。"

正是坚持"基于客户的持续创新"，坚持"以客户为中心"，持续为客户创造价值，华为才获得了高速增长。综观华为的创新，不管是产品的核心技术，还是外观设计，以客户为导向都是指导华为创新的航标。

2010年12月，任正非在华为总部进行演讲，主题为"以客户为中心，以奋斗者为本，长期坚持艰苦奋斗"。

任正非讲道："这就是华为超越竞争对手的全部秘密，这就是华为由胜利走向更大胜利的'三个根本保障'。我们提出的'三个根本保障'并非先知先觉，而是对公司以往发展实践的总结。这三个方面，也是个铁三角，有内在联系，而且相互支撑。以客户为中心是长期坚持艰苦奋斗的方向；艰苦奋斗是实现以客户为中心的手段和途径；以奋斗者为本是驱动长期坚持艰苦奋斗的活力源泉，是保持以客户为中心的内在动力。"

对于外界质疑的"狼文化""加班文化""床垫文化"，任正非回应说："华为是一个功利集团，我们一切都是围绕商业利益的。因此，我们的文化叫企业文化，而不是其他文化或政治。因此，华为文化的特征就是服务文化，因为只有服务才能换来商业利益。服务的含义是很广的，不仅仅指售后服务，从产品的研究、生产到产品生命终结前的优化升级，员工的思想意识、家庭生活……因此，我们要以服务来定队伍建设的宗旨。我们用优良的服务去争取用户的信任，从而创造了资源，这种信任的力量是无穷的，是我们取之不尽、用之不完的源泉。有一天我们不用服务了，就是要关门、破产了。因此，服务贯穿于我们公司及个人生命的始终。当我们生命结束了，就不用服务了。

因此,服务不好的主管,不该下台吗?"

当客户需求导向优先于技术导向思想,成为华为创新的指导思想后,华为开启了客户需求和技术创新双轮驱动模式(见图1-1)。

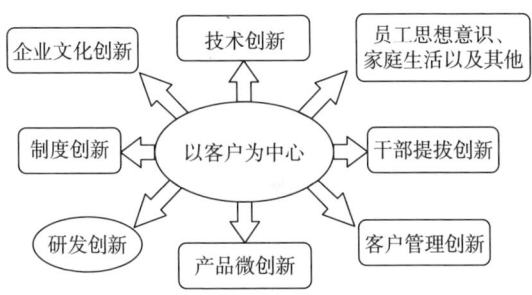

图1-1 以客户为中心的创新

2015年,任正非在变革战略预备队第三期誓师典礼上的讲话中表示:"现在我们是两个轮子在创新,一个是科学家的创新,他们关注技术,愿意怎么想就怎么想,但是他们不能左右应用。技术是否要投入使用,什么时候投入使用,我们要靠另一个轮子Marketing(市场营销)。Marketing不断地在听客户的声音,包括今天的需求,明天的需求,未来战略的需求,才能确定我们掌握的技术该怎么用,以及投入市场的准确时间。"

在任正非看来,客户需求是技术创新的指导思想,只有满足客户需求的创新才是有价值的创新。因此,客户需求和技术创新双轮驱动的基础,还是满足客户需求。综观倒下的世界级企业,倘若说这些企业缺乏技术创新,那是不客观的,只不过,这些企业的创新没有"以客户为中心"罢了。不管是摩托罗拉、柯达，还是诺基亚等，它们都是非常迷恋技术的，只不过由于自身的官僚体系，导致了创新政策与客户越走越远。

2018年，华为在财报中写道："以客户为中心，以基于客户需求和技术领先持续创新，构建共赢生态。"华为在创新时并不提倡一个空泛的概念，而是必须基于客户的持续创新，必须要创造利润。利润从哪里来？只有客户才能创造利润。鉴于此，不管是产品的核心技术，还是组织机构的创新，必须以客户为导向。只有满足客户的需求，实现技术商品化，才能为客户创造价值。

任正非在内部讲话中坦言："对技术的崇拜不要到宗教的程度。我曾经分析过华为技术、朗讯可能失败的原因，得出的结论是不能走产品技术发展的道路，而要走客户需求发展的道路。"任正非补充说道："价值客户、价值国家、主流产品的格局是实现持续增长的最重要因素，各产品线、各片区、各地区部都要合理调配人力资源。一方面把资源优先配置到价值客户、价值国家和主流产品；另一方面对于明显增长乏力的产品和区域，要把资源调整到聚焦价值客户、价值国家和主流产品上来。改变在价值客户、价值国家和主流产品上的竞争格局，以支持持续增长。"

第 2 章 香港练兵

不管是欧美跨国企业拓展中国市场,还是中国巨型企业掘金欧美市场,都曾经把香港作为一个拓展国际化市场的桥头堡。作为当时中国电信设备供应商"巨大中华"(巨龙、大唐、中兴、华为)一员的华为也是如此。天道酬勤,海外市场的巨大机遇悄然给了华为。1996年,李嘉诚创办的长江实业旗下的和记电讯向华为抛来橄榄枝,寻求合作。有了"天时、地利、人和",华为凭借自家的C&C08交换机撬开了香港市场,由此迈出了产品国际化的第一步。

完成"不可能完成的任务"

1994年,香港的电话普及率高达66%。[①]这主要是因为香港自身的战略地位,尤其是香港已成为连接超过500家跨国企

---

① 息文.1996年全球电信市场排名[J].世界知识,1997(10):31-31.

业的通信枢纽。

在之前，该市场由香港电讯（Hong Kong Telecommunications，简称HKT）垄断。1995年6月30日，香港电信市场的放开引发了新一轮的市场竞争。电信政策的变动为华为与和记电讯的合作提供了契机。

1996年，和记电讯获得了固定电话的运营牌照。让和记电讯高层没有想到的是，要在移机不改号的前提下完成改造，并且限定的时间只有短短的90天。

和记电讯率先寻求欧洲合作者，例如爱立信、诺基亚。在接触和沟通的过程中，和记电讯很失望，原因有两个：一是不管是爱立信，还是诺基亚，完成该项目的时间都较长，即使最短的时间也需要180天，是限定期限的两倍；二是完成该项目的价格过于昂贵。基于上述两个原因和记电讯高层不得不做出暂停合作的决定。

随着限定时间一天天临近，此刻的和记电讯依旧一筹莫展，甚至将该项目视为"不可能完成的任务"。就在近乎绝望的时候，和记电讯的高层把目光转向了香港对岸的华为。事不宜迟，和记电讯迅速派出高管与华为接洽，双方一拍即合。

接到和记电讯的紧急项目后，华为派出最精干的工程师，最终在限期内非常顺利、出色地完成了该项目。与国际跨国企业爱立信、诺基亚等相比，除了销售价格的优势，和记电讯更加青睐华为提供的新设备的便携性，以及对环境的灵活适应性。

华为提供的通信设备，不仅可以放置在办公室，甚至还可以放置在楼梯间里，有效地解决了香港人多地少的问题。

在与和记电讯的合作中，和记电讯对产品质量、服务等方面的要求近乎"苛刻"。面对挑战，华为完成的比和记电讯要求的还要好，尤其是在艰难时刻，华为临危不惧，顺利地完成该项目，这为华为日后拓展国际市场进行了一次前所未有的"大练兵"。

加速 3G 商用进程

随着和记电讯项目的顺利完成，初出茅庐的华为展露出非凡的影响力，同时也赢得了香港运营商的认可。

华为之所以看重香港市场，是因为中国内地市场 3G（第三代移动通信技术）起步较晚，直到 2009 年 1 月 7 日，中国工业和信息化部才发放了三个 3G 牌照，取得者是中国移动、中国电信和中国联通。

与韩国相比，中国 3G 时代晚了近 10 年。2000 年 6 月，韩国凭借举办 2002 年韩日世界杯的机会，把 3G 业务投放市场。同年 10 月，韩国 SK 电讯启动首个基于 3G 的 CDMA20001X 服务，率先开启了 3G 时代。

相比中国内地，香港的 3G 牌照的发放也比较早。2004 年 1 月 27 日，和记电讯率先获得 3G 牌照，成为香港首个 3G 运营商。香港特区政府一共发放了五个3G牌照，制式为CDMA 2000，为期15年。

2003年底，面对前路漫漫的中国3G市场，对于试图以3G突破的华为来说，无疑备受煎熬。任正非开始着手调整市场拓展区域。不得已，任正非再次把目光聚焦在香港市场。

2003年12月18日，华为在香港高调宣布，在长达近一年的试验与测试后，华为成功竞标星期日通讯有限公司（Sunday Communications Limited，以下简称星期日通讯）项目，签下价值1亿美元的订单。这意味着华为击败了中兴、爱立信、西门子和阿尔卡特等竞争者。

华为独家给星期日通讯提供3G网络与业务设备，覆盖包括香港岛、九龙、新界以及各离岛区域的WCDMA（宽带码分多址）网络。

此次华为能够与星期日通讯达成战略合作，是因为华为能够满足星期日通讯较为严苛的条件，详情如下。

（1）星期日通讯与华为达成初步协议，选定华为为其3G设备供应商。前提是华为同意支付给星期日通讯5亿港元的无抵押贷款。

（2）当星期日通讯无力偿还5亿港元贷款时，华为的身份依旧是供应商。

（3）作为供应商，华为无定期地赊销价值8.59亿港元的设备给星期日通讯。

第一部分 孕育梦想

（4）星期日通讯同意将附属的 8 个子公司及所持香港 2G（第二代手机通信技术规格）、3G 牌照抵押给华为，冲抵 8.59 亿港元的设备款项。

（5）华为给星期日通讯提供一项约 10 亿港元的 3G 履约保证书贷款。

在合作过程中，华为也要求星期日通讯做出承诺，若合作协议由于星期日通讯的过失，没能顺利地履行，将偿还华为所有的贷款，时间为半年。星期日通讯则提出，一旦中止的原因不在星期日通讯方，华为的贷款约定维持不变。

媒体和研究者都批评华为的做法过于冒进，因为华为承担了 5 亿港元无抵押贷款风险。虽如此，但虎嗅网联合创始人蔡钰却认为，华为把此次合作作为打破 3G 瓶颈的一个突破点。蔡钰曾写道："与香港最小 3G 运营商签单的举动，足以表明这只执着的巨兽再也无法承受多年来在 3G 上的投入，急于盘活这笔资金。"

如果从这个角度来解读华为的做法，就很容易理解华为的处境。在当时，华为的 3G 业务投入如同一个无底洞，一直见不到起色。事实上，在三大 3G 标准中，华为在 WCDMA 的技术已然达到炉火纯青的地步。2002 年底，华为在参与星期日通讯的竞标时，就向星期日通讯推荐过较为成熟的整套 WCDMA 商用版本产品，在工信部和中国移动组织的几次 3G 厂商 WCDMA 测试中，华为研发的产品都表现卓越，甚至名列前茅。

"老酒"虽好，却困在深巷中，这让华为决策层非常苦恼。此外，华为在只见投入，不见产出的情况下，还面临着国内外对手的激烈竞争。对此，华为不得不持续地投入大量资金进行维护与升级，试图维持自己的3G技术领先地位。华为每年会将营业收入10%的资金投入到研发中，其中又有三分之一的费用投入3G。

面临困局，即使香港市场规模甚微，华为拿下星期日通讯的意义也是重大的。与拥有170万香港移动用户的和记电讯相比，星期日通讯的用户就少多了，资金实力与产品线调动能力也不可同日而语，更何况星期日通讯计划推出3G的时间比和记电讯晚一年。而圈内更看重的是华为在香港3G商用的示范意义。①

民族证券的电信分析师蒋海评价道："香港这个小市场对华为的业绩起不到多大影响。但星期日通讯不大的用户网络规模正好在华为的调控和维护能力范围之内，有利于华为进行3G实地磨合和规划。商用实验能够达到技术实验达不到的进步。"

在蒋海看来，香港是中国内地通信企业尝试3G的绝佳试验田，谁能在香港推广3G产品，谁就更容易赢得内地市场。

虽然香港狭小、拥挤，但是在华为看来，在这块3G"试验田"上能够发挥多大能力，很大程度上预示着它在内地市场未

---

① 蔡钰. 华为大举进入香港3G市场"示范"意义重于"效益"[N]. 财经时报，2004-01-12.

第一部分 孕育梦想

来的市场份额。

2013年12月20日,香港电讯高调地对外宣布,以24亿美元的价格并购香港移动通讯。2014年5月,并购交易完成。

香港移动通讯原来是澳洲电讯(Telstra)旗下子网,曾是香港第一大移动运营商,拥有400多万用户,其中包括数十万1010品牌最高端用户,同时拥有最为丰富的无线频谱资源。

对于香港电讯来说,首要解决的问题是,如何整合香港电讯和香港移动通讯的两个网络,尤其需要优先保障最高端用户的良好体验。

最后,香港电讯选择了华为,由华为独家承建网络。在此次承建中,华为为香港电讯提供包括2G、3G、LTE(长期演进技术)、核心网、承载网在内的全网端到端解决方案,以及NFV(网络功能虚拟化)、SDN(软件定义网络)、MOCN(多运营商核心网络)、多频CA(载波聚合)、eMBMS(演进型多媒体广播/多播业务)、CloudBB(华为创新的解决方案)等面向未来的关键技术。

华为不仅对原香港移动通讯的无线基站进行搬迁改造,同时大大地提升了港铁等话务繁忙区域的吞吐量,还与香港电讯共同建设了亚太区域甚至全球技术最领先的移动网络,华为也因此成为中国香港地区移动网络的最大供应商。

第二部分　出征海外

第 3 章　拓展俄罗斯市场

香港市场的旗开得胜，使华为拓展国际市场的信心倍增。为了能给企业的生存和发展赢得更多的空间，华为决策层积极拓展更多的国际市场资源，这一次，华为把目光聚焦在俄罗斯的通信市场上。原因有如下几点。（1）需求较大。（2）没有统一的技术标准。（3）在招标通信设备时，更注重通信产品的性价比和增值服务。（4）"股份制改造"正在俄罗斯轰轰烈烈地进行中。虽然国家占据企业的绝对股份，但是却能激活巨大的潜力市场。（5）由于历史的原因，中国政府与俄罗斯政府的外交关系较好，这为中国企业，尤其是华为这样的通信企业拓展俄罗斯市场创造了更为有利的条件。

沟通与接触

1997 年爆发的亚洲金融危机直接摧毁了亚洲成千上万的大型企业，一度高速增长的经济不复存在，横跨亚欧大陆的俄罗斯也未能幸免。在此次危机中，俄罗斯的电信业遭到致命的打击,其影响不可想象。其后,NEC(日本电气股份有限公司)、西门子、阿尔卡特等国际通信企业目睹了俄罗斯经济的萧条,都狼狈地从俄罗斯撤走了。

跨国通信企业的离开,给华为撬开俄罗斯市场创造了一定的条件。基于当时"政热经热"战略背景,任正非积极备战。据了解,任正非以俄罗斯市场为起点,源于之前与俄罗斯的沟通与接触。

华为在1994—1997年的3年间,共组织了数十个代表团考察俄罗斯,前后达到数百人次。在此期间,华为也抛出"橄榄枝",邀请俄代表团数次考察华为。

华为不敢贸然地挺进俄罗斯市场,一方面是自己国际化经验欠缺;另一方面源于当时俄罗斯糟糕的经济情况,以及诸多市场不确定性。

时隔多年,华为当初的销售人员在接受媒体采访时回忆道:"1996年,负责客户线的员工刚去的时候,一个地方一去就是两个星期,有时甚至连个客户的影子都看不到,更不用说介绍产品了。"[①]

跨国通信企业的撤走,并不意味着华为的市场拓展就一帆风顺。原因是,跨国通信企业留下的俄罗斯市场真空如同硬币的两面性,对于华为来说,一方面由于自己没有对手,虽缺乏强有力的市场主角,但华为赢得了一次难得的唱"独角戏"的

---

① 李超,崔海燕. 华为国际化调查报告 [J]. IT时代周刊,2004(18):26-40.

第二部分 出征海外

绝佳机会。

1998年初,华为独联体地区部总裁李杰通过与俄罗斯的接触沟通后决定,华为与俄罗斯的贝托康采恩公司、俄罗斯电信达成合作意向,组建合资公司贝托-华为,以此开展合作业务。在此阶段的合作中,主营的华为产品就是C&C08交换机及其他通信设备。

另一方面就是,虽然俄罗斯市场给了华为这样的机会,但是面对俄罗斯这样一个官僚体系的国家,与低效率的政府打交道,让华为的市场拓展人员难以忍受。

据李杰后来介绍,1998年,当时的俄罗斯天气倒是不冷。然而,他却要面对一个极度寒冷的通信市场。原因是,深受金融危机的影响,俄罗斯整个电信业都停滞了下来。李杰在接受《IT时代周刊》采访时回忆道:"有在打官司的,有在清理货物的,官员们走马灯似的在眼前晃来晃去,我不光失去了'嗅觉',甚至'视线'也开始模糊了,那时候,我唯一可以做的就是等待,由一匹狼变成了一头冬眠的北极熊。"[①]

在如此境遇下,李杰不得不面临几乎是一无所获的现实。李杰要做的,除了与俄罗斯相关合作者积极沟通外,就是告诉相关合作者,华为依旧坚守在俄罗斯市场的阵地上,并没有因为俄罗斯糟糕的经济情况就此离开。

面对僵局,以李杰为核心的"市场突击队"试图从困境中

---

① 李超,崔海燕.华为国际化调查报告[J].IT时代周刊,2004(18):26-40.

撕开一个口子,选择从俄罗斯电信市场的薄弱点突围。遗憾的是,1999年,经过一系列努力的李杰和他领导的开拓团队依旧毫无进展。

在对俄罗斯当时的市场形势重新梳理后,李杰展开了一系列的大动作。首先,有针对性地组建营销队伍。其次,将这些营销人员培训后,让其开赴俄罗斯各个地区的市场战场。最后,不断地拜访相关客户。

在接触和沟通中,李杰一行认识了俄罗斯一批运营商,该团队与这批俄罗斯运营商展开频繁的沟通,最终赢得了运营商的信任。

头班车的车票

随着亚洲金融危机的负面影响渐渐褪去,俄罗斯经济也开始出现了新的增长。

当普京就任俄罗斯总统后,开始全面整顿俄罗斯的宏观经济,使得俄罗斯经济开始"回暖"。普京的改革,让贝托-华为公司有了长足的发展。

俄罗斯经济的恢复与增长,促使俄罗斯的电信投资信心再次增强,坚守几年的华为终于苦尽甘来,抢先其他竞争者,赢得俄罗斯政府新一轮采购计划"头班车"的车票。在其后的竞标中,华为也捷报频传。《IT时代周刊》报道称,2001年,华为与俄罗斯国家电信部门签署了上千万美元的 GSM 设备供应合同。2002年底,华为又取得了 3 797 千米、320G(吉字节)的从圣彼得堡到莫斯科国家光传输干线[DWDM(密集型广播复用系统)]的订单。2003 年,华为在独联体国家的销售额一举超过 3 亿美元,位居独联体市场国际大型设备供应商的前列。[①]

华为赢得俄罗斯市场,与自身的优势有关,主要有以下几方面。

第一,中国本土技术的领先地位。在拓展国际化市场过程中,华为研发的网络产品,其技术已经领先同类产品水平,具备了拓展国际市场的能力,加上其高性价比,更能赢得客户的认可。

第二,综合成本比较低。华为在俄罗斯市场有所突破,一个很重要的原因是有效利用了中国较为低廉的人力成本优势,以及向俄罗斯电信运营商提供了更具高性价比的解决方案。在整个生产、研发、制造等环节中最大化地降低了成本,使华为产品的成本最终能够控制在一个合理的价格区间。具体表现在研发成本,产品生产成本,管理人员成本,营销费用,工程安装、测试、网络优化成本,以及售后服务成本等环节(见图3-1)。

第三,技术创新能力。华为一直都在倡导重金研发,由此拥有较多的自主研发的知识产权技术,保持了华为产品自身的竞争力。

---

① 李超,崔海燕. 华为国际化调查报告[J].IT 时代周刊,2004(10):24-26.

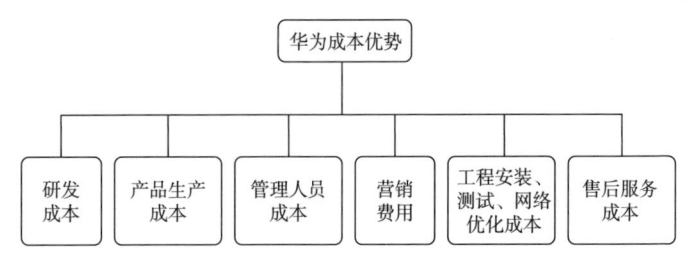

```
                    华为成本优势
         ┌────┬────┬────┬────┬────┐
      研发  产品生产  管理人员  营销   工程安装、  售后服务
      成本   成本    成本   费用  测试、网络   成本
                            优化成本
```

图 3-1　华为的成本优势

第四，以客户为中心的营销理念和优质的客户服务。在海外市场尤其是欧美发达国家市场，在运营商招标过程中，价格不是首选，这些市场更看重设备商提供的产品质量以及售后服务。

第五，丰富的产品线和产品。华为提供的产品涵盖两大类，一是包括 SDH（同步数字体系）光网、接入网、智能网、信令网、电信级 Internet（互联网）接入服务器等。二是 DWDM、C & C08iNET 综合网络平台、路由器、以太网交换机及 CDMA1X（CDMA2000 的第一阶段）全套产品。

事实证明，丰富的产品线及产品为华为能够满足用户多方面的需求做出了贡献。俄罗斯媒体报道称，2019 年 5 月，华为手机占据 28.5% 的俄罗斯市场份额，仅次于三星的 34.2%，小米排名第三，为 10.7%（见图 3-2）。

之前，华为手机在俄罗斯只有 8.5% 的市场占有率。俄罗斯媒体报道称，2016 年 11 月，华为与旗下子品牌荣耀已经占到俄罗斯智能手机市场份额的 8.5%，排名第三。联想位居第四，占比 7.4%，中兴以 5.7% 的份额排名第五，排名前两位的是三星和苹果，所占份额分别为 20% 和 12.5%（图 3-3）。

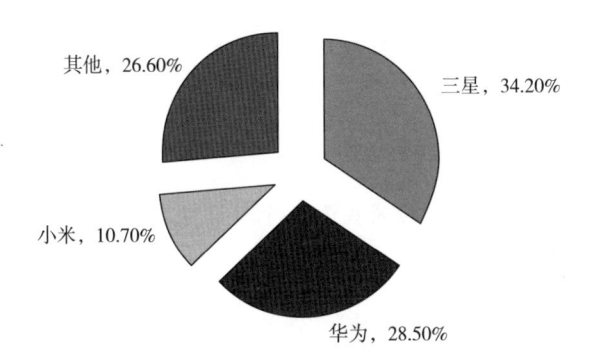

图 3-2　2019 年 5 月俄罗斯手机市场前三名

资料来源：新浪科技. 俄媒：中国手机占据俄市场半壁江山 [EB/OL]. 2019-07-01. https://tech.sina.com.cn/i/2019-07-01/doc-ihytcitk8859896.shtml.

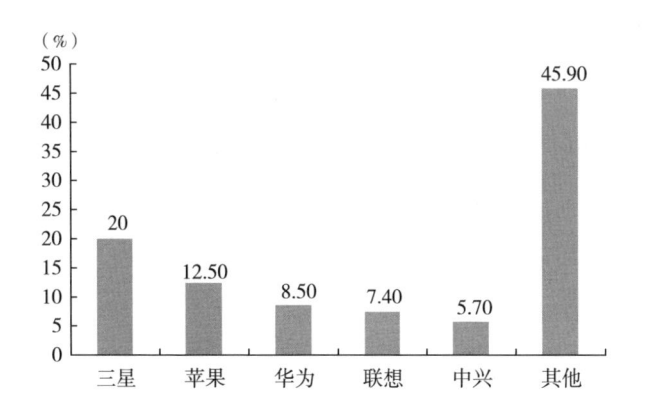

图 3-3　2016 年 12 月俄罗斯智能手机市场份额前五名

资料来源：新浪财经. 华为手机在俄市场销量位居第三 [EB/OL]. 2016-12-23. http://finance.sina.com.cn/stock/usstock/c/2016-12-23/us-ifxyxury8269937.shtml.

第4章　拉美拓展

除了向俄罗斯市场调兵遣将外，华为工程师也在向拉美市场集结。华为决策层意图很明显，向拉美地区投放"小兵群"，清洗拉美市场这块"盐碱地"，以此作为根据地，慢慢向其他市场移动，最终把华为全球化的"珍珠链"串起来。

先国家，再公司

20世纪90年代末期，随着国内外市场的发展变化，为了生存和发展，华为不得不积极地向外拓展，拉美地区市场由此进入华为高层的视线。

华为率先向拉美拓展，理由有如下几点。

第一，拉美的经济水平处于全球中等水平。

第二，该地区的各国政府非常重视通信行业的建设，其投资规模也相对较大。

第三，该地区的发展相对不平衡。在拉美地区，巴西和阿根廷作为该地区最大的通信市场，占比高达80%。

第四，拉美地区人口众多，达到 5 亿人，其市场潜力巨大。

第五，1997 年，拉美地区刚完成电信服务行业的私有化，面临调整经营战略，更新设备，扩大通信容量，改善服务，满足用户对电话机、移动电话、网络的需求等问题。①

看似遍地都是黄金的拉美通信市场，与拓展俄罗斯市场相比，拓展却显得更为艰难。一方面，拉美地区同样深受亚洲金融危机的影响，经济环境持续恶化。另一方面，拉美地区的电信运营商要么是欧洲分公司，要么是美国分公司，设备的采购决策权在欧洲地区或者美国公司的总部。

这无疑给华为的市场拓展添加了不少困难。但华为通过"国家品牌提携企业品牌"的路径，按照"中国外交路线"，积极开展"先国家，再公司"的各种活动，终于打开拉美市场大门并站稳脚跟。②

2012 年，华为在拉美地区，尤其是巴西市场的拓展开花结果。同年总营业额达 20 亿美元，占据拉美地区几乎三分之二的市场份额。在消费者业务方面，华为同样在拉美地区取得突破。2015 年 9 月，华为智能手机占据 9.7% 的全球市场份额，排在三星、苹果之后，在拉美市场，其份额高达 13%。截至 2017 年 2 月，华为在拉美已取得与超过 50 家运营商和跨国渠道的深度合作，并与超过 550 家代理商、零售商携手，共建拉美智能

---

① 周歆卓. 华为公司国际营销策略研究 [D]. 长春：吉林大学，2018.
② 陶勇. 华为国际化熵变史 [J]. 经理人，2017（03）：26-37.

机市场。①

《华为投资控股有限公司2018年年度报告》数据显示，2018年，华为在拉美地区实现销售收入478.85亿元，同比增长21.3%。占据整体的6.6%。该报告称，销售收入主要受益于拉美企业业务数字化基础设施新建及消费者业务终端产品竞争力提升。

竞标跨太平洋电缆项目

在2014年"中国－拉美企业家高峰会"上，华为智利分公司总经理陈志波介绍称，1999年，华为在巴西迈出了进驻拉美市场的第一步，先后在圣保罗、里约热内卢和巴西利亚设立办事处，并将拉美片区总部设在圣保罗。在中国政府及驻外机构、各国政府主管部门的共同关心和支持下，经过8年的努力和拓展，华为公司由巴西起步，逐步在阿根廷、乌拉圭、智利、墨西哥、委内瑞拉、哥伦比亚、玻利维亚、厄瓜多尔、秘鲁等国设立了13个分公司和办事机构，业务遍及拉美33个国家。②

在厄瓜多尔，华为在基多和瓜亚基尔市设立两个办事处。

2002年初，华为凭借自身的先进技术、极致的服务及良好

---

① 陶勇. 华为国际化熵变史[J]. 经理人, 2017（03）: 26-37.
② 陈志波. 中国－拉美企业家高峰会发言稿[EB/OL]. 2014-08-29. http://oldwww.ccpit.org/contents/channel_2030/2007/1214/80435/content_80435.htm.

信誉,击败爱立信、西门子等国际通信设备制造商,成功中标承建厄瓜多尔太平洋电讯公司的3万门交换机工程项目。

2002年8月29日晚,华为在厄瓜多尔最大城市瓜亚基尔举行了首项光纤传输网络主环工程开通割接典礼。在典礼上,时任厄瓜多尔太平洋电讯公司总裁胡安·拉蒙称,太平洋公司的发展标志着厄瓜多尔电信业的发展,十分感谢与华为的良好合作。胡安·拉蒙坦承,该工程仅仅是双方合作的开端。

太平洋电讯公司是厄瓜多尔两大电信运营商中的一个,其总部设在瓜亚基尔,业务覆盖西部沿海12个省。与华为合作前,瓜亚基尔市的传输网络基本上由准同步传送网建设。当华为完成首项光纤传输网络主环工程后,此次新建网络则采用光同步传送网络、光纤传输等先进技术,既连接了所有的汇接局、长途局和接口局,同时还覆盖了瓜亚基尔地区绝大部分的端局和模块局。①

截至2002年8月30日,华为与厄瓜多尔签署了四个总价值为1 200万美元的有关光纤接入、程控交换、城域光传输和智能网系统项目。

在华为不懈的努力下,2004年7月,华为与委内瑞拉电信管理委员会签署了合作意向书,合作项目价值大约2.5亿美元。

在南美地区,华为也在积极地拓展新的业务。据路透社报

---

① 金沈俭. 中国华为公司在厄瓜多尔开通光纤传输网络 [EB/OL]. 2002-08-31. http://www.people.com.cn/GB/it/49/151/20020831/812284.html.

道称，华为智利分公司正热切地关注智利2019年7月发起的公开招标项目，并将在招标时受邀参与跨太平洋电缆项目的投标。

华为智利分公司总经理窦勇在接受媒体采访时说道："华为非常有兴趣参与这一商业项目。招标过程分为几个步骤，我们已经为此做好准备，并将遵循这个流程，直到选出供货商实施这个项目。我们肯定会参与投标。"

据窦勇介绍，当前虽然没有与智利政府达成协议，但是华为将继续争取参与建设该项目。窦勇说道："我们把智利视为整个拉美业务的基准。"

2018年8月公开的信息显示，跨太平洋电缆项目目前有两个方案：方案一，日本东京到智利，距离为24 000千米，投资金额达6亿美元；方案二，中国上海到智利，距离为22 800千米，投资金额达5亿美元。

除了海底电缆项目外，华为还在云服务方面发力。2019年8月28日，华为在智利圣地亚哥启动了一个数据中心，主要提供本地托管的云存储服务，投资超过1亿美元。相关文件显示，在过去3年里，华为高管与智利的市长、政府部长、警方，以及央行、税务部门、国家发展局，还有矿业、卫生、经济、交通、能源和内政等部门的官员举行了数十次会议，就云计算和面部识别软件技术进行商洽。[①]

---

① 星岛日报.华为拟参建南美与亚洲海底电缆[N].星岛日报，2019-08-30.

打破墨西哥困境

在拉美地区市场的拓展中,华为把墨西哥市场作为一个战略要地。2011年2月,由于华为技术自身的创新性和高性价比,在竞标美国NII控股公司(移动通信服务提升商,拉美地区Nextel通信公司的母公司)的"下一代网络"项目中,华为击败了对手,为美国NII控股公司提供在巴西、墨西哥市场的"下一代网络"技术。

此刻华为开拓墨西哥市场已有10年。与其他国家和地区的市场类似,在最初的几年中,华为在墨西哥市场的拓展并不顺利。华为通过多维度、多渠道拓展,以及本土化融合,终于打开了墨西哥市场。

时任华为墨西哥分公司首席执行官的薛蛮在接受媒体采访时介绍道:"这个过程相对较为艰难,并不是一帆风顺的。"

当时华为刚刚开始拓展墨西哥市场,甚至都找不到合作方。薛蛮说道:"不是说你拿着钱就有人和你合作……现在华为一个月能够安装800个基站,这些能力和资源都是逐步积累的。"

市场的拓展可以通过自身的技术和努力解决,但是华为员工遭遇的不可抗力事件让他们心有余悸。薛蛮回忆道:"华为刚到墨西哥的时候,不安全的因素很多。员工正在机房做数据,劫匪来了二话不说就把人给绑了,把电脑和钱都抢走;在地方正施工,接到恐吓电话,不让施工,只好求助当地客户来解救。"

据薛蛮介绍,更为不可思议的是,中国员工集体外出就餐也被当地媒体视为"入侵"。墨西哥如此诚惶诚恐,是因为墨西哥社会经济发展极不平衡,贫富差距巨大。有些富裕的墨西哥人甚至坐着直升机去上班。然而,很多贫困人群可能连温饱都无法解决,贫民窟到处都是。基于此,对于墨西哥本地人来说,工作机会就是饭碗,加上他们自身的就业机会有限,自然担心他们的饭碗被外国人抢走。

这样的实例不胜枚举。薛蛮说道:"我们非常重视本地化经营。可以说,华为墨西哥分公司是以当地企业的面貌出现的……如果我们在每个国家的分公司都派大量的中国人来治理,也会水土不服。"

经过一番努力,华为墨西哥分公司的工作人员终于找到了问题的症结所在。之后,华为进行了一系列的本土化整合。仅1 400名员工中,墨西哥本地员工就占到90%。在华为墨西哥分公司高管团队的9人当中,有3人是墨西哥本地人。除此之外,华为还间接地为墨西哥城创造了5 000个工作岗位。[1] 2014年在墨西哥杂志《扩张》(*Expansion*)年度500强企业的排名中,华为列第179位,紧随其后的是可口可乐。

2014年,华为墨西哥分公司在墨西哥市场的采购和投资达

---

[1] 张璐晶. 华为靠什么在墨西哥立足?[J]. 中国经济周刊,2015(20):78-80.

到 3.18 亿美元，实现销售收入 6.5 亿美元，纳税超过 1 亿美元。

当华为在墨西哥市场取得实质性进展后，华为又在墨西哥拓展其消费者终端产品。在 2014 年，华为智能手机在拉美地区的发货量竟然突破 500 万台，市场份额超过 10%。

2015 年 2 月，华为在墨西哥市场推广其 G7 型号的智能手机，售价为 5 000~5 500 比索，同时还推出限量版。根据 2015 年 5 月 12 日墨西哥《经济学家报》报道，2014 年第三季度，墨西哥智能手机比例为 31.3%。这样的喜人业绩让华为人欣慰。在接受媒体采访时，薛蛮说道："接受一个东西很慢，但抛弃一个东西也很慢。"

薛蛮的对策是，尽可能地深耕，不做"一锤子买卖"。薛蛮坦言："以前公司认为只要自己埋头苦干就可以了，但这是公司规模小的时候；现在公司大了，不仅要强调合法合规，绝不偷税漏税，也要通过良好的企业社会责任形象进行宣传，让当地政府和人民知道华为为当地就业、税收做的贡献。"

为了更好地融入墨西哥，华为墨西哥分公司已经与当地大学、医院等多个机构、社会团体开展多层次的合作，除了帮扶墨西哥的机构外，同时还很好地展现了华为作为一个中国企业在墨西哥良好的社会责任形象。

第 5 章 "联接"南非

除了俄罗斯和拉美市场,华为还在非洲市场积极拓展。得益于中国的外交政策和地缘政治,华为等企业在非洲的拓展相对顺利,加上华为自身重视科技研发,其产品拥有较强的市场竞争力,被中国政府视为"国家名片"大力推荐。有了中国政府的背书,华为在非洲市场的拓展势如破竹。

南非"最佳雇主"

经过多年的奋战,彼时的华为,在南非的市场拓展已经开启了一个新的征程。2018 年 12 月 7 日,华为南非公司在约翰内斯堡华为办公园区举办了一个 20 周年传播活动。在《"联接"凝聚你我》的歌声中,华为交给参观者一幅通信连接实现"南非梦"的答卷。

《"联接"凝聚你我》是南非知名音乐人参与创作的。此曲表达的主题是,通信技术带给南非人们的改变,尤其是"联接"背后的团结和发展。活动上介绍了一个小女孩,凭借"联接"

技术,成功地从乡村走向城市,并实现梦想的故事。此故事也比喻 20 年来,华为在南非当地,不仅提升当地的电信发展,同时也给南非当地的个人、家庭、社区创造了诸多的机会。

鉴于华为在南非所做的贡献,南非邮电及通信部长史黛拉·恩达德-亚伯拉罕斯在启动仪式上高度肯定了华为。史黛拉·恩达德-亚伯拉罕斯说道:"'联接'所有南非人非常重要,只有'联接'才能参与对话,通过对话达到团结。"

亚伯拉罕斯也坦言,与华为协同工作,共同推进这个行业的发展,南非人将获益更多。亚伯拉罕斯提及的南非人获益更多,其始点源于华为提供的设备和服务。

华为南非公司总经理范文说道:"'联接'并不仅仅是当下一个时髦的词汇,更有着超越技术层面的含义。20 多年来,华为在南非致力于通信基础设施建设,用持续的技术创新助力当地的信息通信产业发展,将人与人相连,人与社区相连,人与机会相连,为实现华为与当地社会的共同发展奠定了坚实基础。"

范文还介绍道:"华为南非公司将有许多激动人心的计划出台,已建的体验中心、培训中心和开放式实验室将会有进一步的改进。"

自从拓展南非市场以来,华为一直致力于为当地客户提供端到端通信解决方案,并累计为当地创造了数千个就业岗位。自 2016 年起连续三年被第三方机构评为南非"最佳雇主"。[①]

[①] 鲁安琪. 华为南非公司启动 20 周年传播活动 [J]. 中国与非洲,2018(12).

挡子弹的 P8 手机

华为的通信技术让南非人受益，3G、4G（第四代移动通信技术）、5G（第五代移动通信技术），南非政府都积极拥抱。南非总统西里尔·拉马福萨在约翰内斯堡召开的"南非第四次工业革命数字经济峰会"上力挺华为，欢迎华为为南非带来 5G。

在西里尔·拉马福萨的支持下，南非由此拥有非洲唯一的 5G 商用网络。拉马福萨介绍，南非多家电信运营商此前致信他说，封杀华为不但会阻碍南非 5G 的网络建设，还会对现有的 3G 与 4G 网络造成影响。拉马福萨说："我们需要 5G，只有华为才能为我们带来 5G。我们支持可以给我们国家以及这个世界带来更好技术的公司。"

在南非市场，华为除了提供通信等设备外，华为的消费者终端产品也渐渐地得到当地消费者的认可。这样的转变，源于华为过硬的产品，以及华为工程师在当地市场拓展策略。

在任正非的诸多讲话中，多次提及华为的"盐碱地"拓展，在南非也是如此。虽然南非的经济发展相对较好，但是却依旧是一个治安情况恶劣和犯罪率高的国家。

媒体报道称，2016 年 1 月 13 日，一位名叫 Wayne（韦恩）的华为干部奔赴南非。[1] 据了解，Wayne 之前就职于 OPPO（移

---

[1] 林腾. 华为在海外怎么卖手机？[N]. 中国贸易报，2017-02-28.

动通信公司）驻非洲办事处。如今新官上任，Wayne 根本无暇顾及南非"彩虹之国"的漂亮风景。安全抵达后，Wayne 直接回到华为南非办事处，当天就加班到了晚上 9 点。作为华为手机新派的南非市场总监，诸多的业务流程亟待他解决。此外，南非恶劣的治安状况和较高的犯罪率让人头疼。

Wayne 在接受媒体采访时介绍称，在他抵达约翰内斯堡的首月就遭遇了抢劫。其后，Wayne 外出只带少量现金，尽可能地注意安全。

此次委派 Wayne 担此重任，主要还是看重了南非的通信市场的潜力。据 GSMA（全球移动通信系统协会）的数据，截至 2015 年底，非洲移动通信用户高达 5.57 亿；预计到 2020 年，该地区的移动通信用户数量将持续增长到 7.25 亿人。

作为非洲三大移动通信终端市场之一的南非，其市场前景不可小觑。正因为如此，无数中国品牌厂商看好南非潜在的巨大市场。

对于华为来说，由于涉足消费者业务相对较晚，所以走过一段弯路。最开始时，华为按照早年的运营商业务经验拓展其市场，收效甚微。

在接受媒体采访时，Wayne 直言："之前许多手机业务的同事都是从运营商部门调过来的，但这两项业务根本不是一回事。"

Wayne 认为，要想解决问题，就必须了解南非。由于大部分非洲人的生活节奏相对较慢，尤其崇尚享受生活，具体体现到工作中就是效率低下，所以即使是级别较高的员工，做事"虎头蛇尾"也是家常便饭。

当梳理了内部流程和本地员工的效率问题后，Wayne 再次分析南非市场的用户族群。南非是一个多种族的国家，黑人占比 80%，白人占比 10%，混血以及印度裔、亚裔等占比 10%。

由于种族差异，其消费者心理也千差万别，同时贫富差距较大，贫困人口占比达到 50%。复杂的消费族群，影响了华为手机的推广。

之前，华为手机投放了不少广告。但是 Wayne 认为，华为之前的广告信息太多，销售卖点不明确，更为严重的是，广告语言都使用华为全球统一的宣传话术，无法与当地消费者有效沟通。

Wayne 直言："要用南非人的语言跟当地人沟通。"其后，Wayne 改变了华为之前的销售策略。

Wayne 在接受媒体采访时说道："许多在中国已经过时的东西，可能在这边听都没听过。"这让 Wayne 看到了华为手机大卖的机会。

2016 年，Wayne 通过发布会的形式发布华为 P9 手机，这是在南非历史上最隆重的手机发布会。

在发布会前，Wayne 把会场布置、美食、乐队、时装设计，以及产品体验都设计到极致。Wayne 说道："虽然这种方式在中国很常见，但这在南非手机行业历史中是没有过的。还有媒体评价这是南非史上最好的一场发布会。"

当 P9 发布会开完后,逐渐有消费者开始主动询问,购买 P9 手机的愿望更强烈了。

除了发布会,Wayne 把音乐的元素植入到华为手机的营销中,Wayne 坦言,要通过音乐的方式让南非用户知道华为手机。在约翰内斯堡举办的"Joburg Day"(音乐活动),是一个较为热门的音乐节。

为了切入音乐节,Wayne 从冠名入手。在华为冠名"Joburg Day"前,该活动是由三星、可口可乐等跨国公司冠名赞助的。

在华为南非团队的争取下,华为与当地"947"电台签署了四场音乐节的冠名合同。在音乐节期间,华为 Logo(标志)非常醒目地出现在音乐节现场,甚至"当时在电台一天 30 多条广告中,有一半都是华为的广告"。

此外,华为南非公司还重视"意见领袖"的代言作用。在发布 P9 和 Mate 9 产品时,华为南非公司就有针对性地选了当地四位富有代表性的代言人——黑人女性企业家、前奥运游泳冠军、歌星和设计师。

经过一系列的营销,提升了华为手机在南非当地的知名度。"意见领袖"的代言,让南非商务人群对华为手机品牌的认知越来越高。此后,一场"意外事件"的发生,更让华为手机家喻户晓。

此次事件就是"手机挡子弹"。2016 年 9 月,位于南非首都开普敦，一位名叫西拉杰·亚伯拉罕斯的 41 岁男子参加好友的生日聚会后，驱车回到家停车时，遭到劫匪近距离的射击。

亚伯拉罕斯被击中后昏迷，劫匪抢到 300 兰特（约 157 元人民币）现金后逃离了现场。但是，让亚伯拉罕斯惊奇的是，劫匪的子弹击中他时，刚好击中了他装在夹克胸前口袋里的华为 P8 手机，也就是说华为 P8 手机挡住了子弹，只在亚伯拉罕斯胸前留下一个很小的伤痕，以及在夹克上留下了一个弹孔。

就这样，"华为手机可以挡子弹"的新闻出现在南非的媒体头条。其后，许多世界媒体也跟进报道，甚至不少民众也在社交媒体上转发"手机挡子弹"的新闻。

Wayne 说道："现在好多南非人提起华为，都会说你们有个会挡子弹的手机。"

此次事件后，华为手机的销量猛增。来自华为公开的数据显示，截至 2017 年 2 月，华为手机占到南非市场份额的 9%，在南非中高端手机方面，华为也成绩斐然。①

---

① 林腾. 揭秘华为驻外员工的日常：在海外怎么卖手机？[N]. 21 世纪经济报道，2017-02-24.

第 6 章 泰国"双赢"

20 世纪 90 年代,泰国跻身"亚洲四小虎"[①]。1997 年亚洲金融危机后,泰国经济遭遇重大挫折,其后陷入衰退和停滞。但是作为世界新兴工业国家和世界新兴市场经济体,近年来泰国的电子工业等制造业发展迅速,产业结构变化明显。洞察到泰国产业政策变化的华为,毅然地在 1999 年开始对泰国市场进行拓展探索。

坚持"双赢"

1999 年,中国即将正式加入世界贸易组织。居安思危的任正非看到了华为即将面临前所未有的挑战,大量派遣华为工程师和销售代表开赴全球各地市场,由此吹响了华为进军国际化市场的"冲锋号"。

2001 年,华为在泰国首都曼谷成立了华为泰国分公司。经

---

① "亚洲四小虎"是指泰国、马来西亚、菲律宾和印度尼西亚四国。

过辛苦耕耘，华为得到了泰国有关政府部门和各界人士的认可，其后华为与泰国的主流电信运营商及行业合作伙伴展开了合作。

泰国最大的移动电信公司泰国现代电信公司在与华为合作之前，仅仅拥有200万移动电信客户。在与华为合作后，凭借华为提供的技术，泰国现代电信公司在短短两年内就增加了1 000万移动用户，一下跃升为泰国电信行业冠军，占据了60%的市场份额。

帮助客户赢得市场占有率时，华为也提升了自己的市场占有率。在短短一年内，华为已占有泰国现代电信公司网络平台份额的20%。

2002年，华为在泰国的销售收入达到30亿泰铢，由此成为泰国电信市场的主流设备供应商。这与华为始终坚持"双赢"的战略思维分不开。

华为在泰国市场的主要客户近乎囊括了当地的主流电信运营商，它们是：泰国现代电信公司、泰国电话电信有限公司（TT-T）和泰国电信机构TOT等。

在泰国，华为不仅是该国的纳税大户，同时也注重人才的本地化。2002年前后华为泰国分公司拥有约100名员工，多数是电信高科技人员，其中泰籍员工占75%。华为在泰国不仅实现了人才本土化，同时还向泰国提供"未来种子"项目。在该项目框架下，华为与泰国朱拉隆功大学、国立法政大学、农业大学和叻甲挽先皇技术学院等多所泰国顶尖大学合作。

第二部分 出征海外

据华为官网介绍,华为已向泰国提供了 IP(国际互联协议)、宽带、3G/4G/LTE 移动标准、下一代网络、WDM(超长距离光传输技术)、传送和光传输等多领域的 ICT(信息与通信技术)培训,并为 1 000 多名泰国 ICT 学生提供帮助。例如,2012 年 12 月,华为与泰国信息与通信技术部签署合作协议,双方将共同培养泰国 ICT 行业最需要的专业人员。[①] 通过该项目,华为提供:

(1)游学机会。给泰国本科生提供到华为办事处工作体验的机会,帮助这部分本科生全面地了解华为相关的全球业务运营、跨文化的工作环境,以及中国文化。

(2)ICT 知识培训。华为官网资料显示,2008—2016 年,华为为 11 所泰国大学的 2 486 名学生和 105 名讲师提供了 ICT 知识培训。

(3)奖学金和工作机会。2014 年,华为为 4 名在当年的实习中表现出色的工程专业学生提供了奖学金,并承诺他们毕业后即聘用他们为正式员工。[②]

据中国驻泰国大使馆经济商务参赞处的网站显示,华为在

[①] 华为官网.泰国[EB/OL]. 2019-08-23.https://www.huawei.com/cn/about-huawei/sustainability/win-win-development/social-contribution/seeds-for-the-future/thailand.

[②] 华为官网.泰国[EB/OL]. 2019-08-23.https://www.huawei.com/cn/about-huawei/sustainability/win-win-development/social-contribution/seeds-for-the-future/thailand.

泰国的贡献得到泰国总理巴育的认可。2014年12月25，泰国总理巴育坦言："华为是全球ICT行业的领导厂商，我非常赞赏华为的技术能力，以及多年来为本地通信事业发展所做出的贡献。当前泰国正在着手进行数字经济社会建设，我们邀请华为作为在泰国ICT行业的主要投资厂商积极参与，帮助泰国在数字经济改革规划，人才培养和知识传递方面出谋划策，一起努力把泰国建设成为东南亚的ICT中心。"

得到泰国总理巴育的高度评价后，时任华为副董事长兼轮值CEO（首席执行官）的胡厚崑说道："感谢巴育总理对华为在泰国过往发展做出成绩的认可，巴育总理提出在泰国发展数字经济社会的理念高瞻远瞩，华为将积极响应巴育总理号召，努力为泰国政府数字经济改革实施落地及本地ICT专业人才培养继续贡献力量。"

如今的华为，不仅是泰国当地主流电信运营商的设备供应商，还与泰国政府及行业客户进行广泛的深度合作，提升了泰国发展数字经济的竞争能力。华为积极履行企业社会责任，为当地经济与社会发展做出贡献，多年来累计为当地及区域培养了10 000多名专业技术人才，创造了近5 000个当地间接就业机会。[1]

---

[1] 驻泰国经商参处. 泰国邀请华为深度参与国家数字经济社会建设[EB/OL]. 2014-12-25. http://th.mofcom.gov.cn/article/jmxw/201412/20141200846996.shtml.

第二部分 出征海外

两年的全额退款服务

2019年，由于遭遇美国禁令，华为的一些海外市场，尤其是华为手机产品的销售业绩出现了下滑势头。欣喜的是，在泰国，华为手机的销售业绩依旧保持了较高的增长速度。

2019年7月初，据《邦科克邮报》报道，华为泰国消费者业务集团地区总监英格玛·王在介绍泰国市场的销售情况时说："今年（2019年）前五个月，华为在泰国的市场份额增加到了20%，比去年（2018年）提高了5个百分点。"

不仅如此，英格玛·王总监更是把泰国作为华为的战略级市场，因为泰国市场在东南亚地区中有十分重要的战略意义，甚至把2019年的泰国营销预算增加了30%。

虽然鸿蒙OS（操作系统）的战斗力已经初步显露出来，但是在2019年5月华为却没有明确表示出搭载系统的时间表。英格玛·王在接受《邦科克邮报》采访时说："华为仍会推出搭载安卓系统的新品，自研OS仍在开发中，没有明确的时间表。"

正是这样的不确定，导致一些消费者担心华为现有产品不再支持谷歌服务。为了打消顾客的疑虑，英格玛·王在接受《邦科克邮报》采访时坦言："使用谷歌服务、访问脸书等热门应用都不会有问题，公司也会持续提供更新和售后保障。"不仅如此，华为还联合泰国的手机分销商Synnex、Jaymart、TG、

Com7、CSC 和电信运营商 AIS、True，给消费者提供长达两年的全额退款服务，如果消费者不能使用谷歌的相关产品服务，华为全额退款，时间为两年。

赞助体育赛事

在泰国市场的拓展中，华为还通过赞助体育赛事来提高华为品牌的知名度。

2018 年 11 月 8 日，华为对外宣称，旗下的手机品牌"荣耀"，正式成为东南亚足球锦标赛的官方赞助商。东南亚足球锦标赛，每两年举办一次，该赛事的主办方是东南亚国家联盟足球协会，参赛国是东南亚足球协会成员国。

1996 年，首次赛事的赞助商是新加坡的虎牌啤酒，所以该赛事又称为"老虎杯"。2007 年，该赛事更名为东南亚足球锦标赛。2008 年，该赛事的赞助商是日本铃木汽车公司，又称为"铃木杯"东南亚足球锦标赛。

华为荣耀赞助东南亚足球锦标赛，尤其是作为该赛事的官方赞助商，能够给荣耀品牌带来得天独厚的品牌曝光度，增加对东南亚各地球迷的传播率。与此同时，在比赛中，通过球场周边广告牌、社交媒体、体育场内电视广告及官方赛事相关媒介把荣耀品牌推荐给观众。

此外，还通过"全场最佳球员"颁奖环节等一系列定制化的品牌活动,在赛场内外全方位展示荣耀手机的品牌形象,这也契合了荣耀的品牌口号,即"勇敢做自己"。[①]东南亚足球锦标赛是该地区最受关注的体育赛事之一,荣耀品牌通过该赛事,成为东南亚地区最受欢迎的手机品牌之一,此次强强联合,继续扩大了荣耀品牌在东南亚市场的影响力。

进我们渠道可以,你们每人先喝完五杯啤酒

不管是在军事领域还是在民事领域的合作中,酒桌似乎是一个绕不开的地方。当然,不是每次谈判都需要酒桌,但是很多谈判都在酒桌上得到了解决。

在拓展泰国的手机市场时,华为负责东南亚渠道管理和销售运营的Andy(安迪)就遇到过此类情况。在接受媒体采访时,Andy介绍称,他此前在研发部门做研发工作,2015年才转入销售运营部门。2015年底,Andy奔赴东南亚市场,常驻泰国。

在宴请渠道客户时,渠道客户直接发难说:"想要进我们渠道可以,你们每人先喝完五杯啤酒。"

面对客户的刁难,Andy和同事们没有退缩,而是超额喝完

[①] 新浪体育综合.华为旗下荣耀手机正式成为铃木杯东南亚足球锦标赛官方赞助商[EB/OL].2018-11-08. http://sports.sina.com.cn/other/2018-11-08/doc-ihnprhzw4399035.shtml.

了客户指定的酒量。正是这样的态度，Andy 得到该渠道客户的认可。Andy 说道："我们后来发现这场饭局至关重要，之后许多零售商都开始跟我们合作了。"

虽然几年过去了，但是那次谈判却给 Andy 留下了深刻的印象。可能读者会问，华为在泰国市场的知名度不是很高吗？为什么华为员工在东南亚的拓展如此艰难？

据 Andy 介绍，东南亚国家虽然毗邻中国，华为电信设备很早就在此落地，在泰国、斯里兰卡等国家的确拥有较高的知名度，但是，像华为手机这样的消费者业务却起步很晚，尤其是在三星、OPPO 等手机厂商的强势介入之后，使得华为手机在东南亚的零售商和用户看来，依旧是一个陌生的手机品牌。在本土消费者的印象中，华为就是电信设备厂商，华为手机的优势并不显著。

Andy 说道："华为由于品牌和产品知名度不高，渠道商没有信心也没有动力过多提货，很担心库存。"

Andy 要做的首要任务是邀请这些渠道客户参观位于中国深圳的华为总部，以及华为在亚洲 CES 上的展台。

2016 年 12 月，在泰国消费电子展上，华为首销平板电脑 M3，P9 手机也开启了专场促销。此次展销活动让华为展台增色不少，挤满前来参观的游客，其风头超过许多厂商。Andy 说道："因为知名度不断地提升，带火了 P9 手机，渠道商开始主动要求提货，增加备货量。"

第二部分　出征海外

当这些渠道商真正了解了华为手机的实力后，他们就主动提出合作。截至 2017 年 2 月，华为东南亚市场拥有了众多自营专卖店、加盟店和店中店，也开始与当地运营商和大型 IT（信息技术）渠道商合作。华为对于合作伙伴也采用了补贴政策和联合营销，比如共同建店、赠送礼品、举办活动等。正是在这样的策略之下，华为在东南亚的整体销量增长了 50%。[①]

---

① 林腾. 华为在海外怎么卖手机？[N]. 中国贸易报，2017-02-28.

第三部分　突击欧美

第 7 章　寻找突破点

在 1998—2002 年，中国通信市场的发展速度较快，竞争较为激烈。如此巨大的蛋糕，基本被爱立信、摩托罗拉、诺基亚等外国企业揽入囊中。华为始终无法突围。一方面，1998 年华为研发出的 GSM 产品，性能不够成熟，无法撬开中国本土的重点市场。另一方面，西方跨国企业吸取固网电话市场被"巨大中华"打败的教训，联手全面围剿华为，只要华为研发出某款新产品，它们就有针对性地大幅度降价（如果没有国产设备，就继续卖高价），以此阻挡华为公司赢得订单。

"屋漏偏逢连夜雨"，华为决策层又连接做出三个战略误断：第一，押注 GSM，错失 CDMA 订单；第二，错失"小灵通"几百亿的市场；第三，拒绝做手机。正是这三个战略失误，让历年高歌猛进的华为在 2002 年出现了第一次负增长。

为了求得生存和发展，华为不得不四处突击，也包括对欧洲市场的拓展。

没能完成的任务

2000年,250亿元的销售目标摆在华为面前,但适逢电信运营商的建设计划流产,中国国内的市场大幅度萎缩。

华为的销售人员不得不全力冲刺以达成战略目标。经过不懈的努力,最终也只完成了220亿元。面对如此窘境,探索一条符合华为的国际化出路迫在眉睫。

2001年,任正非在深圳五洲宾馆举行的"海外出征誓师大会"上发布动员令,直言华为当前的困境。

我们的危机是我们的队伍太年轻,而且又生长在我们顺利发展的时期,抗风险意识与驾驭危机的能力都较弱,经不起打击。但市场的规律,常常不完全可以预测,一个企业总不能永远常胜,华为总会遇到风雨,风雨打湿小鸟的羽毛后,还能否飞起?总是在家门口争取市场,市场一旦饱和,将如何去面对?

任正非已经意识到,纵然中国拥有世界上最大的市场,但不管市场多大,也总有饱和的一天,只有走向世界,才能活下去。

我们的游击作风还未褪尽,国际化的管理风格尚未建立,员工的职业化水平还很低,我们还完全不具备在国际市场上驰骋的能力,我们的帆船一驶出大洋,就发现了问题。我们远不如朗讯、摩托罗拉、阿尔卡特、诺基亚、思科、爱立信……那样有国际工作经验。我们在国外更应向竞争对手学习,把他们作为我们的老师。我们总不能等待没有问题才去进攻,而是要在海外市场的搏击中,熟悉市场,赢得市场,培养和造就干部队伍。我们现在还十分危险,完全不具备这种能力。若三至五年之内建立不起国际化的队伍,那么中国市场一旦饱和,我们将坐以待毙。今后,我们各部门选拔干部时,都将以适应国际化为标准,对那些不适应国际化的,要逐步下调职务。

在任正非看来,此刻的华为依然很娇弱,原因是,"我们没有像朗讯那样雄厚的基础研究,即使我们的产品暂时先进也是短暂的,如果不趁着短暂的领先,尽快抢占一些市场,加大投入来巩固和延长我们的先进,那么一点点领先的优势就会稍纵即逝;不努力,就会徒伤悲。我们应在该出击时就出击。一切优秀的儿女,都要英勇奋斗,绝不屈服去争取胜利"。

路漫漫其修远兮,吾将上下而求索。在任正非看来,与其被动地参与跨国企业竞争,不如直捣虎穴,在跨国企业的主场与之竞争。在这样的背景下,华为开赴欧洲"战场",为自己的生存和发展寻找突破点。

获得英国电信的认证

时任华为副总裁的郭平曾在2012年的一次会议上说道："'走出去'是为了活下去！"

1998年，中国电信运营商正在剧烈的变革和重组中，运营商更关心内部重组。郭平说道："谁都不订货，我们的产品和设备卖不出去，所以逼迫我们往外走，找市场。"

华为开始尝试"走出去"。在这个阶段，华为海外市场拓展的经验十分匮乏，仍旧按照中国本土的"农村包围城市"战略，以低成本国际化战略为起点，慢慢地向世界各地辐射。

在全球电信行业的市场占比中，北美市场大约占到30%，欧洲市场大约占到30%。任正非直言："面对巨大的市场，如果不尽快使我们的产品覆盖全球，那就是投资的浪费、机会的浪费。"

要想争夺这60%的市场份额，就需要拓展欧美市场。正所谓"不入虎穴，焉得虎子"，华为决策层经过慎重考虑，确定拿下欧美市场最可行办法的就是，从通过各地苛刻的认证开始。

时隔多年，郭平至今清楚地记得，2003年华为在撬开欧美市场前，首站就是英国。

如果要赢得英国客户的认可，前提是必须接受英国电信（BT）的认证。2003年，英国电信开始在全球范围内选择网络设备供应商，华为此前与英国电信有过沟通，英国电信就颁发给华为

第三部分 突击欧美

一个投标的认证。

据郭平介绍,该认证不针对产品,只针对企业,总共包括质量、品质、财务、人力资源、环境、科学管理等12个维度,其中还有一项人权调查。

为此,英国电信专门调查过华为的生产线、员工宿舍及员工的加班时间、待遇,甚至调查过华为的供应商。

经过两年多的持续调查,华为顺利地获得英国电信颁发的认证。其后,华为陆续获得西班牙电信、沃达丰的认证。当华为获得进入欧洲的认证后,华为在欧洲市场的拓展开始有了起色。

2004年12月,华为赢得荷兰运营商泰尔弗(Telfort)搭建覆盖全国的WCDMA网络的合同,首个订单价值2 500万美元。虽然该项目的金额不是很大,但是这是华为成功迈进欧洲主流市场的一个起点。

欧洲市场的突破将华为带到了一个新的全球化阶段。据华为财报数据显示,2010年,华为全球实现销售收入1 852亿元,其中海外业务收入为1 204亿元,同比增长33.8%,占总收入的65%。而欧洲市场贡献了30%左右的海外业务收入。[1]

---

[1] 王力为,胡文燕,王嘉鹏,鲁晓曦.任正非说华为:从征服欧洲到征服全球[J].财新周刊,2015(6).

分布式基站

回顾当年，当华为拓展荷兰市场时，机遇给了华为，同时也给华为带来不小的难度。

荷兰有四家电信运营商，泰尔弗是最小的一家。为了争取更多的客户，泰尔弗也在筹建 3G 网络。

对于实力较小的泰尔弗来说，由于机房的空间过小，压根就放不了第二台机柜。不得已，泰尔弗寻求全网设备供应商诺基亚的帮助，让其研发小型的机柜。

财大气粗的诺基亚不愿意承接这样的项目，一方面是因为此类小型机柜的开发成本太高，另一方面是泰尔弗的标的太小。

遭到诺基亚的拒绝后，泰尔弗只得硬着头皮寻求该地区市场冠军爱立信的帮助。泰尔弗承诺，达成此次合作后，可以抛弃诺基亚全网设备。面对较小的标的，与诺基亚一样，爱立信同样拒绝了泰尔弗。

四处碰壁的泰尔弗迫不得已，只能将其计划搁浅。转眼到了 2003 年，当华为在欧洲的拓展团队闻知此事后，特地上门拜访濒临破产的泰尔弗公司。

此刻的泰尔弗近乎走投无路。在没有办法的情况下，泰尔弗高层接受了来自华为的建议。在泰尔弗高层看来，与其倒闭，不如与华为合作，这样尚有活下去的可能。

在谈判中，面对泰尔弗高层四处求索无门的需求问题，华

第三部分 突击欧美

为有针对性地提出了"分布式基站"的解决方案。所谓"分布式基站",是指将基站的室内部分分成室内和室外两个部分,如同分体式空调。该方案的好处是,可以减小室内设备的体积,甚至可以小到像 DVD(数字通用光盘)机一样大小。然后,把基站的大部分功能放置在室外。

面对华为的方案,泰尔弗高管半信半疑地问道:"基站能说分就分,说合就合吗?"

华为斩钉截铁地回答道:"我们可以做到。"

让泰尔弗高管没有想到的是,在奋斗 8 个月后,华为终于将"分布式基站"落地了,解决了泰尔弗的需求问题。经过此次与泰尔弗的合作,华为在欧洲市场逐步站稳了脚跟。

当一切井然有序地开展时,泰尔弗被最大的运营商荷兰皇家电信(KPN)并购,这让华为措手不及。其后,荷兰皇家电信摒弃了华为为此专门研发的"分布式基站"。这意味着,华为呕心沥血完成的项目合作中道而止。而这是华为拓展欧洲市场几年来,费了九牛二虎之力才揽到的第一个项目。

后来的事实证明,此次并购沉重打击了华为在欧洲市场的拓展。

2006 年,作为世界上最大的移动通信网络公司之一的沃达丰,在西班牙市场的竞争中遇到了强劲的对手西班牙电信公司。不甘心就此落败的沃达丰,依然在困境中求生。于是,沃达丰想到了之前华为研发的"分布式基站",想以此来与对手正面较量。沃达丰虽然节节败退,但是在华为面前依旧十分傲慢。

沃达丰在与华为的谈判中说道:"只有一次机会。"为了在欧洲市场站稳脚跟,华为将其视为"胜负"都在此一战的关键。一旦"分布式基站"不能帮助沃达丰打败对手,华为在欧洲市场的拓展无疑是雪上加霜,往后将更加艰难,甚至可能再也没有立足之地。

欣慰的是,幸运之神眷顾了华为。沃达丰凭借华为提供的"分布式基站"技术,赢得了客户的认可,其技术指标已经超过西班牙电信公司。

2007年,华为凭借自己的"分布式基站"技术,斩获一连串的大订单。当华为有条不紊地拓展市场时,也面临一个艰难选择——华为想通过采用爱立信技术的架构,研发一个超越爱立信的颠覆性产品,从而让其产品升级换代。然而,这样的思路,不管是诺基亚,还是其他对手,都没有试过。对于华为来说,做出何种选择都是极其艰难的。

在某天,余承东、邵洋和一位负责产品管理的同事约定攀登深圳海拔最高的山——梧桐山。在攀登梧桐山的途中,余承东反复地问另外两个同事同样的问题:"要不要做第四代基站?"

面对余承东的问询,邵洋的观点是,此类思路不可行,尤其是成本太高,会增加1.5倍,导致产品的价格过高,会给一线销售增加不小的市场压力。

另一位同事的答案与邵洋一致。该同事的理由是,"有很多技术风险无法克服"。在攀登梧桐山的 5 个小时中，余承东不停地打电话问询相关负责人，总共有十多个人。据邵洋事后回忆，当电话一接通，接听方就坦言该思路有难度，风险较高。

在华为内部，该方案也争论不休，在征询华为内部意见时遭遇众多反对，一个关键的原因是，升级第四代基站的成本会增加 1.5 倍，尤其会存在诸多技术风险无法克服。如果贸然大规模投入，一旦失败，几年的销售收入都将付诸东流。

面对棘手的选择，余承东力排众议，他说："必须做，不做就永远超不过爱立信。"经过华为团队众志成城的努力，该技术取得实质性进展。2008 年，华为第四代基站研发成功，技术优势非常明显。例如，基站都需要插板，爱立信需要插 12 块板。华为的第四代基站技术只需要插 3 块板。

凭借此次技术的突破，华为无线在欧洲市场的拓展打下了坚实基础。此后，华为通过自己的创新产品艰难拓展，成功地占领了欧洲市场。数据显示，2010 年前，历经多年的艰难耕耘，华为无线业务占据西欧市场 9% 的份额。2012 年后，华为的市场份额占比飙升至 33%，高居欧洲第一。[①]

---

① 陶勇.华为国际化熵变史 [J].经理人，2017（03）:26-37.

第 8 章　屡败屡战，轮番进攻

对于欧洲市场的拓展，华为西欧地区部总裁彭博就曾撰文写道："我们走上了一条毫无经验可以借鉴的曲折之路，这是一条荆棘和鲜花并存的开创之路，也许正是因为这些可爱的人和他们表现出的坚毅的精神，才有了今天的华为。"

在彭博看来华为的市场拓展似乎都是在屡败屡战中赢得客户认可的。在西欧地区，华为面临同样的难题。

放在技术要求最高的国家测试

2004年国庆节后，华为公司前副总裁陈向阳电话通知彭博："公司决定，让你离开香港代表处，调去欧洲，做沃达丰客户群的拓展。"

此刻的彭博，刚把星期日通讯3G拓展项目完成，正想交付给客户一个出色的3G网络。让彭博没有想到的是，公司竟然把他派去拓展沃达丰这个大客户。

为了打消彭博的疑虑，陈向阳解释道："沃达丰和中国移动关系比较好，华为在中国移动口碑不错，或许在沃达丰有机会，希望去试试。"

这样的逻辑看似勉强，但是却说明，市场拓展从来都是天道酬勤。在告知彭博调任欧洲地区的同时，陈向阳还告诉彭博另外一个信息：2004年10月6日，沃达丰集团的CTO（首席技术官）和网络部总裁会参观华为，有意让彭博参加接待，尽快投入到新的工作中。

2004年10月6日，是中国国庆长假的第六天。这是法定假日，但是为了能够拿下沃达丰这个大客户，任正非和公司高层基本都在上班，甚至生产线和研发部门都在临时加班，就是为接待沃达丰这样的客户做充分的准备。

时隔多年，彭博回忆道："那时的我们，能够迎来一个这么大的海外客户高层来访问公司，简直是一个盛大节日，因为很多时候，我们连客户的大门朝哪里开都还不知道呢。接待的线路走了又走，细节过了又过，生怕有任何闪失，影响客户的第一印象。"

为了留给沃达丰的高层较好的第一印象，华为做了充分的准备。一方面，华为在海外拓展中，需要增加海外客户对华为能够做出优质的系统网络设备和高科技产品的信心；另一方面，还要让客户了解华为的真实实力。

在初期的海外市场拓展中，华为都会主动邀请客户来香港、深圳、上海、北京四地参观，像沃达丰这样的大客户更是如此。

当沃达丰的高层抵达后，没有像中国诸多企业高层一样先休息再工作，而是直接参观华为。在参观中，彭博发现其中一位叫霍夫曼的客人随身提着一个非常沉重的行李包。

彭博看到后，便主动上前自我介绍，友好地询问霍夫曼是否可以帮他提着包裹，霍夫曼客气地婉拒了彭博的建议。

参观了一会后，彭博再次询问霍夫曼，霍夫曼仍然拒绝了彭博的建议。又过了一会，彭博第三次征询霍夫曼，霍夫曼疑惑地看着彭博说道："Are you sure（你确定吗）？"

彭博的回答是："Sure（确定）。"在沃达丰参观的一天时间里，彭博就一直提着该包裹。几年后，彭博与霍夫曼提及此事，霍夫曼回答说："我们德国人没有让人帮着拎包的习惯，无论年龄大小，更何况我的包里有很多资料，我也不放心别人拿，但看你一再问，我怕这是中国文化，拒绝不礼貌，最后才不情愿地给了你。"

在参观华为时，沃达丰 CTO 向任任正非提及华为 3G 设备的测试地点，并礼貌性地征求任正非的建议："我们计划测试华为的 3G 设备，任总您认为放在哪里合适？"

面对沃达丰 CTO 的征询，任正非自信地回答："放在你们认为最难、技术要求最高的国家吧！"

沃达丰 CTO 是典型的德国人，做事情严谨又认真，慎重思考后说道："那就放在德国吧！"双方高层的拍板，开启了彭博的欧洲第一站——德国杜塞尔多夫。

第三部分 突击欧美

华为是谁？客户不想见你

2004年11月，彭博甚至还来不及交接完在香港的工作，就奔赴德国了。彭博回忆称：

2004年11月15日，刚和香港星期日通讯签订了3G扩容合同。还没来得及品味喜悦，他就接到公司电话："我们在沃达丰那里可能会有一些机会，你要尽快赶过去。"

第二天，彭博便登上了飞往欧洲的航班。临走前，他给客户留言："我要去欧洲出一趟差，圣诞节再回来。"令彭博没想到的是，此去欧洲，一待就是七年。[①]

当彭博抵达欧洲后才知道华为德国代表处当时在法兰克福，而客户在杜塞尔多夫，两地的距离为215千米。

彭博认为，既然客户都在杜塞尔多夫，集团技术部很多人也都在杜塞尔多夫，那就在杜塞尔多夫增加一个办公室。其后，彭博在杜塞尔多夫租了一个300平方米的办公室，以此作为拓展市场的据点。

在欧洲拓展市场是相当痛苦的，不是因为恶劣的环境，而是被客户一次又一次拒之门外。

[①] 片联人力资源部.一个系统部部长的七年欧洲之旅[J].华为人，2011（11）.

彭博需要解决的问题是："华为是谁？客户不想见你！"在当时，很多客户对华为有太多的疑虑、排斥、不安和抗拒。

彭博等人给一个集团技术部的客户写信，打电话，约了无数次后，每条发出的消息都如石沉大海，尝试了大半年，没有任何进展，这令彭博一行人焦虑万分。

如果见不到客户，合作就无法进展下去。在当时，客户集团技术部门主要位于英国纽伯里、德国杜塞尔多夫、意大利米兰和西班牙马德里。沃达丰集团技术部的高层每周的行程安排是周一从常驻地启程，周五回到常驻地。

为了能够"碰面"，彭博开启了机场"偶遇"的生涯，但是直到第七次才真正地"偶遇"上。当彭博在杜塞尔多夫"落地"时，客户正从杜塞尔多夫准备离开，在机场大厅他们"偶遇"了。

兴高采烈的彭博，主动邀请客户喝咖啡，却被以"时间紧张"为由婉拒了，仅仅沟通了五分钟。不得已，彭博一路"死缠烂打"，终于约到了与客户在米兰办公室面谈30分钟的机会。

送走客户后，彭博有些兴奋，此次面谈机会是费尽千辛万苦得来的。两周后，按照机场的约定，彭博和汪涛（时任欧洲无线和核心网行销的主管）前往客户位于米兰的办公室，他们拿出事先精心制作的胶片，试图说服客户接受华为的设备。

在介绍了15分钟后，客户礼貌地打断了彭博他们的介绍，说道："在未来的5年内，我看不到在我的这个领域里使用华为产品的可能性，我们保持联系，但是我也不想让你们有过高的期望，不想让你们浪费我团队的时间。"

这样的情形对于彭博来说，简直是司空见惯，尤其是在欧洲初期的市场拓展中。当彭博一行人一次次碰壁后，依旧继续努力，经过3年的接触和沟通，该客户终于成为华为在技术侧最坚实的支持者之一。

最终赢得了机会

为了能够一次性通过测试，彭博一行人更是精心地准备。在白天，彭博与研发团队一起共同撰写测试的相关资料，同时还准备相关的测试场景，定义其整个测试流程。晚上，彭博一行人苦练英语口语，争取给客户留下较好的第一印象。

遗憾的是，彭博一行人虽然准备充分，但是却等到了一个最不想看到的结果。

2005年1月，集团技术部召集华为和沃达丰德国的网络团队，一起进行开工会。集团技术部的无线总监刚讲完话，子网的网络部总监就站起来了，旗帜鲜明地表达了子网的立场："我不认为沃达丰德国未来会有使用华为设备的可能，我们也不关心集团内谁愿意使用华为的设备来测试，但是请不要浪费我们德国团队的时间，请随便选择未来想用华为设备的国家来测试。"

这让彭博措手不及。其后，集团无线总监安慰彭博耐心等待，他们将与沃达丰集团CTO沟通。在彭博看来，这样的开局似乎前景不妙。

第二个月，彭博收到了德国某传统电信厂家的正式律师函，一式三份，分别发给了沃达丰集团、沃达丰德国和华为。

该律师函大概的意思是，由于华为与该电信企业间有专利问题没有解决，一旦沃达丰在德国贸然使用或者测试华为设备，该电信企业会保留一切起诉的权利。

此后，彭博在欧洲市场的拓展进入了寒冬。然而，机会还是给了华为。2007年，诺基亚与西门子合并了。当时，沃达丰在德国拥有12 000个西门子的基站。是把网络交给诺基亚，还是给其他公司呢？于是他们发出了一个报价请求。

在接下来的9个月时间里，华为投入一百多位工程师参与该项目。"我本将心向明月，奈何明月照沟渠"，华为的希望再次落空。沃达丰德国CTO电话告知彭博："Vincent（文森特），我知道你们为这个项目付出了巨大的努力，但我们已经和西门子团队合作了20年，我们对他们很了解，也很信任，即使他们合并到诺基亚了，也还是那个团队。华为已经非常接近赢得这个项目了，但非常抱歉，谢谢你们的参与。"

在电话里，彭博对沃达丰德国CTO说道："您知道吗？中国人有个优秀的品质，就是耐心。不管您今天是否选择我们，我们都会紧密地继续和沃达丰德国合作，任何时候您有需求或者问题，请随时打我们的电话，我们将继续扎根德国。"

正是因为华为拥有彭博所言的品质，终于赢得了一次机会。2009 年，获得 LTE 牌照的沃达丰德国准备启动相关测试。客户在电话中告知彭博："你们必须抓住这次机会，这是华为成为我们伙伴的绝佳机会。"

就这样，华为成为独家 LTE 测试的公司。在之后的 9 个月内，该客户迅速启动了与华为的相关项目招标和商务谈判。

2010 年 7 月 14 日，沃达丰德国 CTO 在电话中兴奋地告诉彭博："祝贺你们，你们赢了！华为将成为我们沃达丰德国未来 5～10 年最主要的伙伴，我们给予你们未来 2G/3G/4G 的主要份额。"

在西班牙进行测试实验局

2005 年的春天，德国实验局没有正常开局，因为对手以知识产权授权协议问题为由阻止华为在德国的市场拓展。让对手没有想到的是，这样的办法起到的效果显然有限。

2005 年，彭博团队参加 3GSM 展。期间，彭博接到一个电话，大概意思是，一个沃达丰的重要客户已经到了华为的展台，沃达丰方面拜托华为接待这个客户。

当彭博返回展台时，客户已经在此。在与客户的沟通中，彭博提到了华为正在准备的集团测试，也详细地介绍了华为的相关设备。

客户很满意,在离开时,客户说道:"我理解所谓的知识产权问题,都是为了阻拦你们,德国不愿意测试,我们愿意在西班牙进行你们的测试实验,我会和集团进行沟通,会积极去争取你们来西班牙进行测试实验局。"

此客户就是时任沃达丰西班牙CTO。2005年5月,集团正式通知彭博一行,该测试实验局从德国挪到了西班牙。

对于彭博来说,最重要的任务就是搬家——把之前在德国的整个队伍都搬到西班牙。为了能够顺利测试,项目组反复进行了内部讨论,和机关、产品线反复商讨了一些细则。彭博回忆道:

第一,精挑细选人员,所有来一线测试的人员和研发团队必须经过本地员工的英语测试,要给客户留下好的第一印象,保证和客户的顺畅交流,尽管我们那个时候英语流利的人员实在不多。

第二,整个测试预计持续12~15个月,我们别说长期有效签证,就连三个月的有效工作签证都是找了两边的使馆,临时申请下来的。怎么办?每个人最长只能待3个月,为了保证无缝交接,不让客户感觉我们人员更换频繁,提前准备出150人的签证,第一批人待满两个半月后,第二批人就来,然后并行一起工作半个月,保证工作交接和客户界面。

第三部分 突击欧美

第三，项目组规定，客户问题，必须24小时内答复，答复之前，必须经过技术审核和本地英语审核，保证答复质量。①

在现场，团队30多个人与客户日夜接触，不仅消除了他们对华为固有的偏见，同时也赢得其信任和尊重，自然也赢得更多的订单机会。

有一天，客户突然找到彭博，希望华为能够提供解决方案。情况是这样，在西班牙，从马德里到塞维利亚有段高速铁路，该高铁最高时速为300千米，平均时速为250千米，大约4小时车程。

客户提出的问题是，乘客投诉称，在高速行驶的列车上，电话话音和数据覆盖的质量较差。这样的需求在2005年优先级别不高，客户被通知两年后会有解决方案，抱着试试看的态度找到了华为。

经过研发人员的分析，虽然华为在当时尚未有现成的解决方案，但是这样的机会也不常有，于是谨慎地答复，3个月后给客户一个华为的相关解决方案，但是客户却对此半信半疑。

3个月后，当彭博团队给客户介绍华为的基本解决方案时，客户惊诧不已。于是，彭博团队把客户邀请到上海。

---

① 彭博.华为欧洲奋斗史：办公室设备只舍得买宜家 每周飞五个国家是常事[EB/OL]. 2019-07-07.https://new.qq.com/omn/TEC20190/TEC2019070700274908.html.

在这 3 个月中，华为研发人员收到客户相关需求之后，启动了该项目的相关分析，创建相关的场景，甚至还租赁了上海磁悬浮的沿线 24 千米，以此建设了 20 多个基站做高速覆盖，重现和测试所有场景，验证华为为西班牙项目提出的解决方案。

为了完成此方案，华为投入 100 多名研发人员，甚至连续 3 个月的周末都没有休息过。当彭博团队将客户带上磁悬浮，现场测试话音、数据的场景之后，客户非常满意，由衷地竖起了大拇指。在时速 432 千米的列车上，双方都拿着手机合影拍照。就这样，华为的技术方案彻底赢得了客户的认可。[1]

---

[1] 彭博.华为欧洲奋斗史：办公室设备只舍得买宜家 每周飞五个国家是常事[EB/OL]. 2019–07–07.https://new.qq.com/omn/TEC20190/TEC2019070700274908.html.

第9章 思科发难

1994年，考察归国的任正非，对美国的认识更加理性。在拓展美国市场的问题上，任正非的眼光较为长远。1993年华为在美国达拉斯建立华为研究基地。1999年，华为又在达拉斯建立研究所。2002年6月，华为参加美国亚特兰大电信设备展，首次亮相华为全系列数据通信产品，并宣布华为正式进入北美市场，同时在美国得克萨斯州成立子公司。

当华为按部就班地拓展美国市场时，自认为华为是自己最大竞争者的思科开始发难，想尽一切办法阻击华为进入美国市场，包括欧美跨国企业常用的知识产权诉讼，游说政府称华为的产品危及国家安全等。

知识产权之战

2003年1月23日，思科公司正式起诉华为及其美国分公司，要求华为停止侵犯思科知识产权。在起诉书中，思科的诉状包括以下四个要点：第一，抄袭思科IOS（互联网操作系统）源代码；第二，抄袭思科技术文档；第三，抄袭思科公司"命令行接口"；第四，侵犯思科公司在路由协议方面至少5项专利。

看似一件普通的商业纠纷，却事关重大，甚至关乎华为在全球市场拓展的布局。思科之所以定点阻击华为，一方面源于思科完备的法务部门和美国完善的法律体系；另一方面是试图通过美国的法律禁令直接打压华为，以此来制止华为继续拓展，甚至把华为赶出美国市场。

当思科起诉华为后，华为随即启动应对措施。一方面表明华为对于思科起诉华为有关知识产权的态度。在中国深圳，华为召开相关新闻发布会称：

2003年1月23日，中国深圳。就思科公司于2003年1月23日从美国加利福尼亚州圣何塞所发出的新闻稿，华为公司声明：本公司正与法律顾问咨询，着手了解并解决此事，目前暂不做评论。

本公司希望强调：华为及其子公司一贯尊重他人知识产权，并注重保护自己的知识产权。我们一直坚持将不少于年收入10%的经费及超过10 000名工程师投入研发中，拥有自己的核心技术。作为负责任的企业，无论在何处运作，它都要尊重当地的法律法规。公司坚信合作伙伴关系、开放合作以及公平竞争的价值，并在实践中贯彻执行。

华为及其子公司的业务运作正常进行。公司的关注点仍然

第三部分 突击欧美

是自己的客户、合作伙伴和员工。①

另一方面又在积极启动应诉方案。华为决策层十分清楚，思科起诉华为并不是一时兴起，而是有预谋的定点清除。来自华尔街的分析师也直言不讳地指出，这场官司的实质就是思科这个最大的网络设备制造商，觉察到华为已经侵蚀了自身的市场地位。

该分析师认为，对于思科来说，戴尔虽然也是自己的竞争对手，但是其市场威胁集中在美国市场；华为则不一样，华为对思科的威胁是全球性市场，尤其是亚洲市场。

华为的日益崛起让时任思科总裁兼首席执行官约翰·钱伯斯恼羞成怒。2003年1月，约翰·钱伯斯对外公开称，思科将采取相关的市场行动，即使是低端网络设备市场也必须自己把持，绝对不会拱手相让，尤其是产品价格较低的竞争对手。

此番言论，约翰·钱伯斯剑指华为。约翰·钱伯斯毫不隐讳地介绍，以中国华为公司为代表的亚洲网络设备厂商将给思科公司带来新的挑战。

对于华为的威胁，CIBC世界市场公司分析师史蒂夫的观点甚至更加激进，他说道："华为公司对网络市场的影响，正如丰田和本田两家公司对汽车市场的影响。"

史蒂夫得出如此激进的结论，理由是从1999年华为推出数

---

① 新浪科技.新浪独家：华为公司就思科起诉华为发表声明[EB/OL]. 2003-01-24. http://tech.sina.com.cn/it/w/2003-01-24/1531163078.shtml.

据通信产品以来，华为与思科的竞争就已经箭在弦上了。在中国市场，不管是服务器、路由器，还是以太网等主流数据产品，华为的市场占有率都成倍地增长。

截至2002年，华为迅速崛起后，思科在中国的路由器、交换机市场占有率的垄断优势已经不复存在，甚至已经被华为逼成平手。此阶段华为已经成为思科在全球最为强劲的竞争对手。

鉴于华为的产品优势，思科自然有所畏惧，尤其是思科创立以来的看家法宝就集中在路由器、交换机等数据产品上。在约翰·钱伯斯的多年经营下，在全球数据通信领域市场，思科已经拥有70%的占有率。虽然如此，但约翰·钱伯斯明显地觉察到，华为的威胁已经不再是中国市场，而是开始从亚非市场蔓延到全球市场。

约翰·钱伯斯眼中的竞争者

在华为的国际化战略中，来自美国的思科是华为国际化始终都绕不过的一个竞争者。既然思科主动挑起纷争，华为也必须硬着头皮还击。

综观华为的发展史，其遭遇的艰难和挫折多到不可想象。在任正非看来，企业竞争如同丛林竞争一样，只有优胜者才能获得生存的机会，即使面对思科这样的对手，华为也必须坚持"狭路相逢，勇者胜"的决心。

第三部分　突击欧美

正因为如此，约翰·钱伯斯才把华为作为思科最强的对手。而其他对手，约翰·钱伯斯压根儿就没有放到眼里。

约翰·钱伯斯说道："你将会看到 IT 市场进行一场残酷、无情的整合，在前五大 IT 厂商中，将只有两家或三家能够继续保持 5 年前的发展速度。我们知道，我们必须要学会改变。"

约翰·钱伯斯所言的五大厂商是指思科、IBM、惠普、微软和甲骨文。在此次论述中，约翰·钱伯斯尽管没有提及哪个公司将被市场边缘化，但是约翰·钱伯斯却以惠普和 IBM 为例介绍了市场竞争的残酷性。约翰·钱伯斯举例说道："前五大 IT 厂商中，惠普和 IBM 在过去两年半的时间内遭遇了灾难性打击，营业收入并未出现增长。"[①]

约翰·钱伯斯以此为依据指出，经过几年的竞争，思科最初的竞争对手大部分已经被市场淘汰。当时间到了 2018 年后，思科当前的竞争对手也就只剩下 IBM、惠普、英特尔、戴尔、SAP（思爱普）、微软、华为等。

当美国《华尔街日报》记者向约翰·钱伯斯提出"在所有的公司中，哪一家让你最担心？"这个问题时，约翰·钱伯斯毫不迟疑地回答："这个问题很简单，25 年以前我就知道，我们最强劲的竞争对手将会来自中国，现在来说，那就是华为。"

把华为当作思科最大竞争者的观点，并不是约翰·钱伯斯

---

① 李潮文.消失的"巨头"硅谷老将惠普走向没落 [J].第一财经周刊,2014（05）.

首次在公开场合所言。《IT时代周刊》是这样评价约翰·钱伯斯的:"20多年来,在思科董事会主席兼首席执行官约翰·钱伯斯的带领下,弱小的思科逐渐成长为硅谷以及全球最耀眼的明星。21世纪初,思科曾摘取5 000亿美元全球市值最高公司桂冠。"

如果按照不同的产品线划分,思科的竞争对手多如牛毛,但真正对思科产生威胁,并让约翰·钱伯斯忌惮的就凤毛麟角了。

在2011年的思科分析师大会上,约翰·钱伯斯就逐个点评了思科的竞争对手。在过去的16年中,Juniper(瞻博网络公司)一直是思科重要的对手之一,其步步紧逼的态势让思科有点喘不过气来,然而,钱伯斯却认为,Juniper并不是思科的主要竞争对手。

当思科在2008年推出服务器之后,其原重要合作伙伴——惠普也参与了服务器竞争。惠普的加入无疑使其从同一阵营中决裂,特别是惠普收购H3C(华三通信)之后,思科与惠普的关系已经势同水火。

约翰·钱伯斯对一直在服务器领域扩张的IBM,似乎并没有太在意。约翰·钱伯斯认为,惠普与思科在战略和市场上更为接近。约翰·钱伯斯把思科的战略放在全球范围,其目的就是击溃惠普。

约翰·钱伯斯表示,思科将在本土及全球市场与华为全面开战。在他看来,华为无疑是一个最为强劲的对手,从约翰·钱伯斯嘴里说出这样的话实在让人惊讶万分。如果将华为列为最大竞争对手的是爱立信,那么一切看起来都顺理成章,可是,最视华为为"眼中钉"的却是思科。[①]令思科恐惧的,是华为非常出色的业绩和特立独行的研发思路。

亲临华为展台

在华为的国际化路径中,经常通过会展营销的手段,让客户了解华为的产品研发实力,以此来赢得客户的认可。

2002年,在美国亚特兰大通信产品展上,华为展示了自主研发的高、中、低端全线产品。

值得关注的是,在此次电信设备展上,华为展示的数据通信产品性能优越,与思科产品旗鼓相当,但是产品售价比思科低20%~50%。

一直以来,华为都以高性价比产品来与对手展开竞争,由此引起了约翰·钱伯斯的警惕和关注。在亚特兰大展览期间,约翰·钱伯斯专门跑到华为展台上仔细察看了华为相关的通信数据产品。

据参展的华为工程师介绍,在展会期间,有两个陌生的客户兴致勃勃地来到华为的展厅,非常仔细地了解华为的全部参

---

① 马晓芳.华为战思科即将上演:双方技术差距明显缩小[N].第一财经日报,2012-04-12.

展产品，比通常的客户更热切地想了解华为相关产品的性能，并且购买意向很大，但是负责接待参展的华为工程师不知道，这两个陌生客户中的一个就是约翰·钱伯斯。

当约翰·钱伯斯了解完华为的产品后，便从华为的展台匆匆离去。其后，约翰·钱伯斯直接告诉同事，在今后几年里，思科的对手只有一个，那就是华为。

截至2002年底，华为在美国市场销售额比2001年度增长了近70%。尽管华为没有撼动思科在全球网络设备市场的霸主地位，但是思科却首次出现"销售额"和"市场占有率"双下滑。

2002年秋天，又一件事情让约翰·钱伯斯恼怒。在巴西数据产品招标会中，全球网络设备市场的霸主思科败给了"初出茅庐"的华为，只拿到400万美元的订单。

在巴西招标会结束的次日，约翰·钱伯斯直接解雇了那个负责竞标的经理。华为数据产品的高性价比，让约翰·钱伯斯神色凝重，不再像之前那么淡定。他迅速地在思科内部成立了一个名为"BEAT Huawei"（打击华为）的工作小组，并在内网上设立专门主页，供其全球员工讨论如何打击华为。

敢打才能和，小输就是赢

为了更好地阻击华为，思科有组织、有预谋地开始精心策划一场看似滴水不漏的"专利+舆论战"攻势。

第三部分 突击欧美

2002年12月,约翰·钱伯斯派遣思科全球副总裁前往华为总部,"交涉"关于华为"侵犯"思科知识产权的问题,甚至还要求华为承认侵权,赔偿,并停止销售产品。华为此刻正遭遇发展瓶颈,在面对思科这样一个在资金、技术、研发实力等全方位占优势的对手时,华为决策层不得不召开相关会议,经过慎重考虑后做出决定:可以停止销售有争议的产品,但是不接受侵权的指责。

按照约定,华为回收已经在美国销售的十几台具有争议的相关产品。当思科看到华为如此轻易地让步时,并未按照之前的约定握手言和,而是采用更加激进的做法,甚至把华为的"委曲求全"视为"做贼心虚"。

一些极端的美国媒体也报道称,落后的中国不会也不可能制造出高科技的产品。即使有,那也必定是模仿、抄袭、侵权制造出来的。

美国媒体的如此报道,尽管没有事实依据,约翰·钱伯斯却乐意看到,尤其是华为"偷"了思科技术的有关报道。为了让华为处于不利地位,思科先是通过媒体制造相关负面报道,在未经过法庭审判的情况下,先指责华为"偷窃"思科的技术。接着,为了孤立华为,思科高层密集地拜会中国工信部。思科此举是以知识产权为由切割华为与中国政府的关系,尤其是将其上升到"考验中国政府保护知识产权的决心"的高度。

2003年1月24日,思科向位于得克萨斯州的联邦法院提起对华为的专利诉讼，诉讼内容竟然长达77页。

与此同时，思科利用自己的优势和资金实力，通过全球近百位新闻发言人在第一时间发送不利于华为的信息，同时警告和恐吓华为的潜在客户，不能购买华为研发的相关产品，否则可能引发连带赔偿责任。

在起诉华为前，思科还在全球投放1.5亿美元的广告，一方面是恐吓媒体撤销华为的广告投放，另一方面是让媒体配合有利于思科的"公关"。

面对思科全方位的"绞杀"，作为创始人的任正非开始主动出击。任正非指示道："敢打才能和，小输就是赢。"

正值中国春节，但是华为人顾不上过节，立即组建了由数位副总裁领衔，多名专家参加的"应诉团队"，赶赴位于美国得克萨斯州的联邦法院。

华为应诉团队了解后发现，思科起诉华为侵权的焦点集中在两个方面：第一，源代码侵权；第二，技术文件及命令接口的相似性。

面对上述两个问题，华为的应诉团队思路较为清晰。华为聘请第三方专家、斯坦福大学教授、数据通信专家丹尼斯·阿利森比对思科IOS和华为的通用路由平台（Versatile Routing Platform，简称VRP）的新旧两个版本。

经过比对和分析后，丹尼斯·阿利森教授最终得出结论：华为通用路由平台共有200万行源代码，思科IOS的源代码共有 2 000 万行。其中，华为通用路由旧平台中仅有 1.9% 与思科的私有协议有关。

2003 年 3 月 20 日，正当华为与思科展开版权之战时，华为与 3Com（美国设备提供商）对外宣布成立合资公司。合资公司的建立，成为此次思科起诉华为专利案中的转折点。时任 3Com 公司 CEO 的布鲁斯·克拉夫林随后出庭做证称，华为的技术和实力是值得信赖的。在成立华为 3Com 前，3Com 考察了华为的技术、管理等各个方面。

经过双方反复举证，两次听证会后，2003 年 6 月 7 日，得克萨斯州联邦法庭驳回了思科申请下令禁售华为产品等请求，拒绝了思科提出的禁止华为使用与思科操作软件类似的命令行程序。但又颁布了有限禁令，即华为停止使用有争议的路由器软件源代码、操作界面及在线帮助文件等。①

2003 年 10 月 1 日，思科和华为双方律师对源代码的比对工作结束，事实最后证明，华为并没有侵犯思科的专利。

2004 年 7 月，思科与华为达成最终和解协议。华为做出让步，在没有侵犯思科的知识产权前提下，同意修改华为产品的命令行界面、用户手册、帮助界面和部分源代码。华为这样做，一方面是为了更好地消除思科的疑虑，另一方面也是避免与思科没完没了的持续诉讼。

---

① 杨正莲.华为 VS 思科：十年战争烽烟再起 [J].中国新闻周刊，2012（10）：37-41.

在这场历时两年的诉讼官司中,思科和华为虽然最终和解了,但是思科却成功阻击了华为的美国市场拓展。

对于华为来说,虽然暂缓了进入美国市场的步伐,但却让"思科今后不得再就此案提起诉讼"。让约翰·钱伯斯耿耿于怀的是,此次诉讼,让原本籍籍无名的华为因此扬名天下,相当于给华为在全球做了一次免费的广告。对此,约翰·钱伯斯不满地说道:"诉讼让华为获得了更多商业机会。"

经过此轮较量,华为已经把思科"诉讼"的绝招废掉,思科只能转移战场,从单纯的商业竞争转向更为幽深的政治暗算。此后,约翰·钱伯斯尽一切可能打压华为,只要能够阻止华为进入美国市场,约翰·钱伯斯都全力而为,尤其是华为被美国彻底封杀,思科的影子也随之浮出水面。

2012年10月11日,美国《华盛顿邮报》以"华为的美国竞争对手参与推动对其审查"为新闻标题报道称:一位熟悉思科销售战略的匿名人士透露,2011年9月思科曾在业界广泛散发7页名为"华为和国家安全"的文件,鼓动美企不要和华为合作。

思科不惜一切手段要把华为驱赶出美国市场。究其原因还是华为威胁到了思科的企业利益。公开的数据显示,截至2012年7月底,思科年收入460.6亿美元,毛利287.1亿美元(毛利率62.33%),纯利80.4亿美元(利润率17.46%)。

同时期华为的利润率仅为9.1%,与思科的17.4%相差甚远。尽管如此,让思科惧怕的是,在思科的总收入中,美国市

第三部分 突击欧美

场的贡献率高达60%，一旦思科失守美国市场的垄断性地位，无疑将导致利润大幅下滑。

思科不惜以重金游说美国国会限制华为，既构筑市场壁垒，又更好地保卫其在美国市场的垄断地位。根据美国政治捐献数据库的数据统计，思科从1998年就开始游说国会。而华为、中兴从2005年开始断断续续地投入经费用于游说美国国会，华为累计投入223.5万美元，中兴投入46.2万美元，同期思科的投入为1 202万美元，是华为的5.3倍，中兴的26倍。①

思科之所以积极投入超过1 000万美元的费用用于游说国会，是因为在短短的10年间，华为的员工数已经超越思科，而按照增长率以及利润计算，双方实际的市场价值目前也应该是旗鼓相当的。所以，未来的3~5年将成为华为和思科谁是全球市场的王者之争的关键时刻，思科选在这个时候挑起阻击战，可见其"司马昭之心"。②

尽管在美国市场的拓展受阻，但是在既定国际化战略的前提下，华为采取了自己独特的迂回战略，先占领欧洲市场，再进攻美国市场。

---

① 从政治献金分析思科在华为中兴事件幕后角色[N].中国商报，2012-10-23.
② 孙先锋.思科暗算华为中兴 或难挽救其衰退命运[N].中国联合商报，2012-11-02.

第四部分　深耕非洲

第 10 章　挺进尼日利亚

20世纪90年代，在当时诸多非洲运营商的眼中，华为研发的产品被视为"低价低质"。一旦华为研发的产品质量不过硬，甚至出现任何一个细小的问题，都将是致命的。一方面，该问题可能被非洲运营商进一步放大；另一方面，如果非洲运营商不认可华为产品，很有可能导致华为在非洲市场拓展受阻。

华为后期调整策略，注重产品质量，向非洲运营商提供最稳定的传输设备和宽带设备，最终凭借过硬的产品品质打消了非洲运营商的顾虑，赢得了它们的尊重和认可，这其中就包括尼日利亚市场。

夹缝中求生

尼日利亚人口众多，达到1.73亿（2014年），同时也是非洲国家中人口最多的国家，占非洲人口的16%。此外，尼日利亚还是非洲第一大经济体。据2013年的数据，尼日利亚实现国内生产总值5 099亿美元。

当华为看到尼日利亚市场的巨大潜力时,其他跨国电信企业也会看到。这意味着,作为后来者的华为,在拓展尼日利亚市场时定然会遭遇众多通信巨头的阻击和围攻。

1992年,为了更好地指导尼日利亚通信业的发展,尼日利亚政府专门成立了尼日利亚通信委员会。在具体的操作层面上,尼日利亚政府以向通信运营商和通信服务供应商发放经营许可证的方式,吸引和促进外国资金和尼日利亚私人资金参与尼日利亚的通信建设,以此促进尼日利亚通信业的快速发展。

尼日利亚国家电信有限公司(NITEL)作为尼日利亚最大的国有通信公司,主导了尼日利亚通信市场的建设和发展,但是其既没有通信设备,也没有相关的通信技术。

因此尼日利亚政府逐步允许外国资金和私人资本涉足通信行业,一批尼日利亚与外国资本合资的通信运营公司应运而生。这些合资公司有:MTN公司、V-mobile公司、Starcomms公司、Intercellular公司、EMIS公司、Multi-Links公司、MOBITEL公司,以及BOUDEX公司。

与此同时,一些由尼日利亚的石油大亨和大银行控股的纯本地股份公司也参与竞争,让通信行业的竞争更加激烈。这些尼日利亚的本土公司有:Globecom公司和Reltel公司。

在此之前,给尼日利亚提供设备的是以西门子为首的西方通信设备供应商。它们成功地向尼日利亚兜售了20世纪70年代,甚至是60年代的产品技术。但是让西方通信设备供应商没有想到的是,这些落后的技术设备竟然异常顺利地攻下了尼日利亚的通信市场。

1999 年,西门子占据尼日利亚通信市场份额的 60%,阿尔卡特占据尼日利亚中北部地区通信市场份额的 18%,爱立信占据尼日利亚通信市场份额的 15%(见图 10-1)。

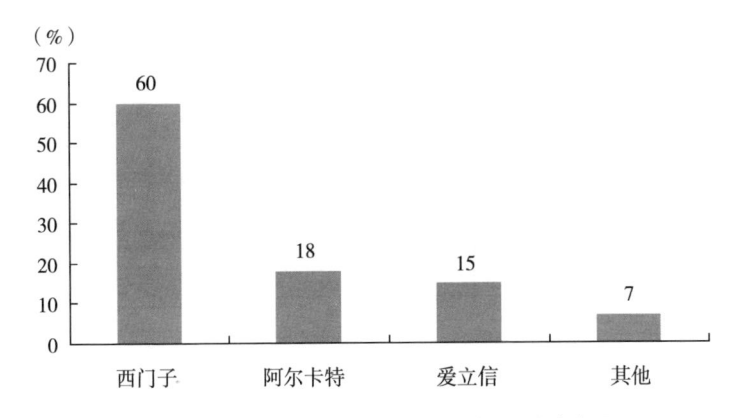

图 10-1　1999 年尼日利亚通信市场的市场占有率分配

资料来源:驻尼日利亚经商参处.民营企业开拓尼日利亚市场的现状、存在问题及建议 [J]. 国际技术贸易,2007(3):55-56.

在此阶段,尼日利亚通信业以超高速发展,其潜在的市场被激活。摩托罗拉、朗讯等通信设备商看到了尼日利亚市场这一如此大的蛋糕,对其虎视眈眈,直接引发尼日利亚通信市场的激烈竞争,即使是西方国家的通信设备供应商也面临同样的格局。

为了打破之前的竞争格局,德国公司剑走偏锋,有针对性地在尼日利亚市场上培植一批具有一定专业技能和管理水平的职业经理人，而且他们还拥有较为深厚的社会基础和政治影响力。这个竞争手段非常高明，同时也非常有效。1999年，尽管尼日利亚政府倡导甚至是鼓励外国资本、本国资本以及合资企业展开自由竞争，但是却无法解决尼日利亚自身的通信管理混乱、政治腐败以及经济问题。也就是说，如果没有一定的政治背景和政治保护，根本就不可能进入尼日利亚通信市场。基于此，西方通信设备供应商，尤其是德国的公司，以此为突破口，意外地找到了先入为主的、得天独厚的竞争条件。

1998年，华为才开始拓展尼日利亚的通信市场。基于当时的竞争格局，华为的起步无疑是艰难的。一方面，华为不仅要与西门子、阿尔卡特、爱立信、朗讯以及摩托罗拉同台竞争；另外一方面，还要从通信大佬手中抢占市场份额，华为好比"虎口夺食"。

在初期的拓展中，华为几乎是颗粒无收。但华为凭借自己的艰苦努力和以客户为中心的理念，经过艰辛的付出，终于赢得回报。2003年，华为成功地与尼日利亚的MTN和Starcomms两家电信公司签订销售合同，销售额达到7 000多万美元。

当华为打开了尼日利亚的市场大门后，华为的产品品牌影响力及市场份额也不断地上升，华为主要产品的市场地位已经超过西方各通信设备企业。经过多年的努力，华为已经成为尼日利亚最大的通信设备供应商之一，有些产品还取得了绝对优势地位。数据显示，2004年，华为在尼日利亚的拓展再上台阶，华为在MTN移动通信市场的份额从2003年的25%上升到50%，并取得MTN尼日利亚传输骨干网全部市场份额；在Starcomms市场取得全部新建市场份额的同时，还成功地搬迁了西方厂家在拉各斯的核心网；在Vmobile市场取得了尼日利亚全国三分之二区域的市场份额，并成功地搬迁了西方公司在北部和中部的GSM网；在Globacom市场突破了移动和传输项目等。[1]可以说，华为设备遍及尼日利亚几乎所有的主流通信运营商，如GSM的市场份额超过了50%，CDMA市场份额达到了90%，2004年实现销售额3.5亿美元。

华为凭借高品质的产品和高效的服务，赢得了尼日利亚市场的认可，并成为尼日利亚Vmobile、Globacom、Intercellular等公司的战略合作伙伴。2005年4月，华为公司与尼日利亚通讯部在人民大会堂签订了《CDMA450普遍服务项目合作备忘录》及华为公司在尼日利亚投资协议，协议金额2亿美元。CDMA450由于使用低频段，其无线电波不受地理条件的限制，可以绕过山坡、树林、河流、湖泊，实现无线覆盖半径60千米以上。因此，该方案将快速地解决尼日利亚220个地方政府无通信覆盖的问题，使尼日利亚全国的通信覆盖率提高一倍以上，

---

[1] 驻尼日利亚经商参处. 民营企业开拓尼日利亚市场的现状、存在问题及建议 [J]. 国际技术贸易，2007（3）:55-56.

同时促进尼日利亚远程教育、远程医疗等服务的发展。①

Yes! Huawei can

华为能够打开尼日利亚市场，靠的就是华为工程师的艰苦努力及自身过硬的产品质量。

2007年10月，刚入职华为的柳阳春在完成了极其紧张的入职培训后，接到前往尼日利亚的"作战命令"。

经过十几个小时的飞行后，柳阳春安全抵达尼日利亚。在柳阳春之前的见闻中，非洲贫穷落后，甚至他一度以为尼日利亚肯定还处于"通信基本靠吼"的阶段。

让柳阳春意外的是，领导和同事介绍称，"这里通信建设正在蓬勃发展，仅新牌新网就有两三家，现网扩容的还有好几家"。

经过主动争取，柳阳春被分配到V项目组做督导。在当时，尼日利亚当地的电信网络正在快速建设阶段，分包商的建设能力有限，安装和建设都需要华为工程师在现场督导。

当柳阳春跟随华为老员工对现场督导工作要求有所了解后，就被派到区域督导新建站点集成。

对于当初的经历，柳阳春曾写道："我心里直发怵：我这才

---

① 驻尼日利亚经商参处.民营企业开拓尼日利亚市场的现状、存在问题及建议[J].国际技术贸易，2007（3）:55-56.

第四部分 深耕非洲

学了几天，万一搞不定怎么办？"柳阳春举例说道："记得有次下区域协助站点集成，业务配置完了，站却迟迟没有通，查看Web（网络）终端发现有告警，我怀疑是配置错了。但是经过仔细检查，没有发现问题；删掉重新配，还是没解决。正踌躇不展时，师父打来电话问：'为什么刚刚配置好的业务给删掉了呢？'我答复说站没有通。师父说：'要对自己有信心，站点起不来也有可能是其他地方的问题，我们传输仅仅只是提供一个管道，站点BTS（基站收发台）和机房BSC（基站控制器）侧都有可能。'"

师父的指点让柳阳春明白，即使遇到棘手的问题也需要信心，同时还有华为团队在支援。柳阳春坦言："就这样，我一个人懵懵懂懂地在尼日利亚北部多个州边干边学，整天跑站点做集成，清告警，马不停蹄。看到新建站点上线越来越多，晚上给项目组同事汇报进展时，那清晰的通话质量让我们得意不已，这就是我们自己建的网络！"

柳阳春说得似乎很轻松，但是尼日利亚的条件却异常艰苦，甚至还听到了近在咫尺的枪声。据柳阳春回忆："2010年12月24日以来，尼日利亚多个城市接连发生爆炸或恐怖袭击事件。其间，我正和一个同事沿着骨干链路巡检站点，处理告警。傍晚，当我们落脚到东北部边境小城的一家小旅馆时，突然听到外面响起密集的'鞭炮声'。还没有遇到过治安事件的我跟同事开玩笑说：咦，真有意思！难道这里的人也在欢庆圣诞吗？于是跑到院子里探个究竟。结果发现旅馆的前台、保安都表情严肃地把收音机贴在耳边听广播。原来这不是鞭炮声，而是叛乱分子与政府军的交火声。刚刚还在开玩笑的我，看到本地人都这么惊恐的表情，心里突然有些紧张了。"

事发突然，尼日利亚政府随即有针对性地展开应对——发布宵禁令，不许车辆进出城。几乎就在同一个时间段，600千米之外的卡诺也发生了非常严重的恐怖袭击事件，导致华为尼日利亚公司开车的司机心急如焚，因为该司机的家就在卡诺。

在发生恐怖袭击事件时，该司机正在一个位于城郊的加油站给车加油。此刻已经发布宵禁令，不可能回到旅馆，更不可能回到卡诺的家中。在电话中，司机向柳阳春哭诉称，他担心家里的妻子和孩子。

司机的哭声，近在咫尺的枪声，让柳阳春辗转难眠。次日，柳阳春与同事们在当地军警的协助下，才顺利返回仍然在执行宵禁令的卡诺基地。柳阳春回忆道："街道上看不到一辆行驶的汽车，听不到任何小孩子的欢笑声，整个城市死一般的安静，让人感到恐惧。"

柳阳春直言，他在尼日利亚工作了多年，也就渐渐地习惯了这样的工作环境，但是由此可以看出华为在海外市场拓展的艰难程度。

柳阳春逐渐熟悉业务后，开始独当一面，主动申请做另一个项目的TL（团队负责人）。该项目是一个位于尼日利亚首都阿布贾的友商设备搬迁项目。既然把该项目交给华为,就必须打消客户的诸多疑虑,如解决方案仍待完善,验收标准过于简单,交付计划不够详细,交付资源保障不足等。

为了完成该项目,柳阳春一边学习,一边交付。据柳阳春介绍说:"几乎每天都是凌晨四点钟完成割接,睡两三个小时,八点钟起来正常上班,为下一批的业务割接做准备。"

就这样,柳阳春连续坚持了近一个月的割接。当第一批站点割接完成后,华为交付的项目,网络性能明显提升不少,客户对割接结果非常满意。

2014年,柳阳春首次独立负责一站式方案(Turn-Key)项目交付。在项目中,柳阳春埋头编写项目预算,因为考虑到该项目价值1亿多美元,不仅要考虑收入,更要考虑成本。

经过精心的准备,项目从签订合同到现场到货,交付准备期就长达一个多月。在这期间,柳阳春把该项目按照不同的产品、不同的交付场景进行划分,让每个团队领导对准项目目标讲解决方案,对齐交付计划讲资源需求,对准交付质量讲关键风险点等,然后大家集体讨论,持续修改和优化其交付策略和交付计划。①

天道酬勤,经过一个多月的充分准备,该项目的交付非常顺利,合同签订半年内就完成了预算收入的90%以上,整体项

---

① 曹煦,张燕,侯隽,银昕.走进非洲——中国企业的投资故事[J].中国经济周刊,2018(36):16-21.

目几乎是按预设计划执行的,客户对该项目交付也是给予了高度评价。同年底项目团队获得了公司的总裁嘉奖令。

华为能够赢得客户的认可,源于一大批像柳阳春这样的华为工程师的艰苦努力。2016年,柳阳春参与M系统部的微波搬迁项目。

据柳阳春介绍,该项目交付规模超过10 000跳,月交付量要比代表处历史最好水平翻番。更为重要的是,该项目是一个影响现网微波设备格局的强竞争项目,在搬迁友商设备后,棘手的是,搬迁后的网络,依旧由友商负责维护。

要完成此项目,就需要协调客户、华为、友商之间的关系,同时也需要保证该设备的顺利搬迁,还要让客户满意。

柳阳春认真地分析了项目:客户真实的网络搬迁动机是什么?客户内部声音是否一致?我们如何让客户对我们的交付满意?我们所提供的解决方案、交付方案是否已经最优,是否对齐客户的诉求?交付质量是否可靠,是否留有风险敞口?是否动了友商的奶酪,他们当前有什么动作?我们是否做好提前应对?……①

诸多问题让柳阳春困扰不已,既然项目交给华为,就要全力以赴去争取完成。经过一番激烈争锋后,项目组最终达成完成该项目的一致意见。

---

① 柳阳春.梦想在"贫瘠的土地"上生长——纪念我在非洲的十年[J].华为人,2018(01).

据柳阳春介绍，M 运营商作为本地区的第一大运营商，不仅建网早，而且用户数量较多。规划部门人员就职 M 运营商十多年，理论知识丰富，对现网了如指掌。

让客户能够尽快地接受华为产品，就是项目组当时面临的一个困难。当项目组给该客户提交网络规划时，客户总是一而再，再而三地指出不足。

客户指出方案的不足，让项目组清醒地意识到，一旦解决方案没有做好，无疑会影响项目的实施。因此，必须确保项目组的规划方案相对最优。

为了解决这个问题，项目组坚持每天拜访客户，与客户沟通汇报项目进展情况，以此来更好地分析客户的真正需求，以及及时地交付计划。甚至客户刁难地说道："Customer is always right, being a customer whatever I say 'Right' or 'wrong' it will be right for you."（客户永远是对的，作为一名客户无论我说的对还是错，对你来说都是对的。）[1]

通过不懈的努力，凭借项目组的多方沟通，柳阳春及同事完成了客户要求的项目目标。在月度例会上，超额完成的项目让客户非常激动，竖起大拇指称赞华为的执行能力，同时也感谢华为公司项目组的努力。让柳阳春欣慰的是，在此次月度例会上，他又听到过去经常被客户开玩笑的一句"Yes!

---

[1] 柳阳春.梦想在"贫瘠的土地"上生长——纪念我在非洲的十年[J]. 华为人，2018（01）.

Huawei can"（没错！华为可以）。

尼日利亚广阔的市场前景

经济的增长将拉动消费的增加，在非洲也是如此。查阅资料发现，在撒哈拉沙漠以南非洲，接受教育的人越来越多，中产阶级的数量正在呈现几何级增长。中产阶级规模的迅速增加带动了手机使用者的增多，网络用户的增长趋势也被激活。

非洲地区较为认可中国政府的和平共处五项原则。正因为如此，中国在非洲的影响力甚至胜过了西方国家。像华为这样的中国科技公司在非洲参与通信设备工程建设时，自然会得到这些国家的支持。目前，华为已经成为非洲运营商最主要的移动网络设备供应商，同时华为手机等消费终端也在非洲拥有一定程度的市场份额。

作为全球智能手机数量增长最快的市场之一，华为在非洲拓展的动力依旧强劲，之前，华为与微软在该地区展开了相关的合作，推出低价的 Windows（微软视窗操作系统）智能手机。

伦敦行业组织 GSM 协会 2016 年发布的数据显示，自 2000 年以来，智能手机平均销售量增长速度为 43%。在撒哈拉以南非洲，4.45 亿名手机用户中仅有 10% 的人拥有智能手机。该数据认为，这一比例将会迅速上升，理由是运营商正在拓展高速通信网络。这就意味着在撒哈拉以南非洲的人,能够像南非的大多数消费者一样成为智能手机用户。在非洲人口最多的国家尼日利亚,可持续增长的前景则更加远大,智能手机渗透率将超过30%。

在非洲市场,尤其是在尼日利亚市场,中产阶级迅速崛起,其购买力较强,手机普及度较高。数据显示,在非洲10多亿人中约一半的人拥有手机。2011年9月,尼日利亚总统古德勒克·乔纳森介绍,该国拥有手机的人数由10年前的不足100万增加到逾9 000万。

潜力巨大的非洲手机市场,让华为手机有了更好的发展空间。移动运营商Telecgsm的CEO吐鲁·奥乔在接受媒体采访时坦言:"大家都希望进入尼日利亚市场,如果华为三年前来到这里,它会面临更好的状况。"

据吐鲁·奥乔介绍,该公司在2011年同华为签订代销售协议。2011年5月,华为开始在尼日利亚市场销售限量版170美元的智能手机,这是市场上同类产品中价格最低的产品。①

2011年9月,华为计划推出100美元的Ideos智能手机,同时展开100万美元的广告攻势,并计划在2011年底将该产品推广到非洲一多半的国家中。时任华为发言人称:"非洲市场为华为以及通信产业呈现出巨大的市场。"

---

① 晁晖. 华为本月将在尼日利亚推100美元智能手机[EB/OL]. 2011-09-12. https://tech.qq.com/a/20110912/000068.htm.

非洲民众通常是用智能手机来上网。在大多数非洲国家，网络普及率低于10%，并且大部分集中在大城市。

华为的竞争对手——三星电子欧洲区高管保罗·费雷拉在接受媒体采访时说："这里同成熟市场的区别就在于，非洲消费者连接网络的主要手段是通过移动设备。"

公开数据显示，2011年5月，非洲地区智能手机的使用率比2011年2月上升了38%，智能手机的普及比预期的速度要快，时间要早。华为最近收到了五万台Gaga系列智能手机的订单，这是一款类似Ideos的产品。同时还接受了南非MTN电信公司的类似订单。①

在取得成绩的同时，华为也面临着许多挑战，一方面是较弱的手机覆盖率、推广活动困难、政府审批效率低等因素；另一方面是还面临着如三星、诺基亚、苹果、黑莓等知名品牌的竞争。②因此，华为真正地将非洲市场这块"盐碱地"改良成沃土，还需要一段时间。

华为在尼日利亚培养更多ICT人才的同时，还创建了创新体验中心。2016年10月8日，华为高调宣布，在尼日利亚的经济中心拉各斯创建创新体验中心。该项目投资达到600万美元，占地约500平方米。

---

① 晁晖.华为本月将在尼日利亚推100美元智能手机[EB/OL].2011-09-12.https://tech.qq.com/a/20110912/000068.htm.

② 同上。

作为西非的第一个创新体验中心，华为利用"云技术"让参观者共享华为的全球资源。该创新体验中心给消费者提供全球最前沿的科技，同时还为发展 ICT 生态系统提供了一个互利共赢的良好平台。

一直以来，华为致力于向受客户需求和新技术驱动的产业创新方面进行投资。华为高层在接受媒体采访时称，该创新体验中心还将作为一个培训平台，用以培养更多的 ICT 人才。为此，华为尼日利亚技术有限公司与拉各斯大学签订了《联合创新谅解备忘录》。

时任尼日利亚交通部部长阿卜杜勒-拉希姆·阿德希图表示，尼日利亚政府将借助数字革命的优势，与战略合作伙伴华为一道共同研发 ICT 产品，提供解决方案和相应服务。

第11章 肯尼亚探险

1998年,华为把肯尼亚这样的非洲国家作为自己拓展市场的第一梯队。不管是在交换机产品的拓展中,还是在后来的消费终端产品的拓展中,作为拓荒者的华为,都在根据肯尼亚市场的变化制定相应的营销推广策略。

经过20多年的耕耘,一直致力于为当地客户提供端到端通信解决方案的华为,目前产品和服务惠及当地约三分之二的人口,平安城市等项目受到肯尼亚政府和民众的广泛好评。

品牌构建之战略关键

在肯尼亚市场,中国手机已经占据半壁江山。在这些中国手机拓荒者中,华为也是其中的一个。这说明肯尼亚市场拥有强劲的购买力及广阔的市场前景。

任何事物都存在两面性,既然拥有上述两个特征,那么竞争者也会蜂拥而至。

《肯尼亚:中国手机占据市场半壁江山》一文中写道:"窗

外是肯尼亚首都内罗毕市中心的 Luthuli 大道。街上一座五层小楼里（最上一层是穆斯林的专用祈祷场所），盘踞着十家左右的中国手机批发商。这栋楼没有名字，其貌不扬，很少有人知道，仅用了3年，每月从这里售出的中国手机，已攻下肯尼亚手机市场的半壁江山。"

此外该文称，Techno、Oking、G-Tide、Forme、X-TIGI 这些对中国消费者来讲较为陌生的手机牌子，却在肯尼亚这个国家代表着"Made in China"（中国制造）。殊不知，正是这些廉价山寨机，引发了一场大规模的反华游行（2012年8月），游行的宗旨就是反对非法中国手机零售商和假手机。

此类事件无疑冲击着华为手机的拓展，时任华为市场营销和通信负责人杰瑞·黄在接受媒体采访时说："对我们来说，最大的挑战就是品牌意识。我们在不同地区策划了数个品牌意识活动，并且开始在社交媒体上建立品牌宣传，吸引了一定的本地消费者。同时2013年起，公司将对公关和数字化部门进行重大投资。"

在杰瑞·黄看来，品牌构建依然是华为设备战略的四个关键核心之一。为了更好地提升华为设备制造商的知名度，华为也积极地在相关国家做推广。杰瑞·黄介绍说："我们也在不同的国家间，与扮演非运营商角色的渠道和电子商务公司合作。而非洲的渠道市场已经拥有我们的脚印，所以我们打算在那里努力进行更多的尝试。"

危若累卵，如履薄冰

对于中国企业来讲，走向国际化的市场本身就是一场探险，尤其是非洲市场。除去非洲自身恶劣的自然条件以及战乱等外部因素，华为在海外拓展，尤其是在非洲市场的成败，代表着中国企业"走出去"战略的一种探险。

既然是探险，自然要付出相关代价。但这并不会阻碍华为人继续进行下去。

在非洲市场的探险中，华为工程师刘胜在肯尼亚空难中逝世。尽管此次空难只是一个意外，但是这样的代价让华为心有余悸。为了华为的生存和发展，华为的工程师们依旧在探险路上前行。

2011年，朱春雷加盟华为，去非洲的肯尼亚拓展相关的企业业务。在肯尼亚，作为投标经理的朱春雷，深知支持项目的难度，因此心里并不轻松。

当支持项目完成后，朱春雷准备按计划前往南非。在离开的前一天，主管通知朱春雷，代表处已经申请将他留下常驻了。

在非洲，虽然华为不管是技术还是服务都做得很好，但是在业务的拓展中，依旧是困难重重。朱春雷回忆道："那一年，企业业务没有预想的顺利，大批和我一样的售前人员在到达一线后水土不服，无法达到公司的预期。而我也觉得自己的工作危若累卵，如履薄冰。"

第四部分 深耕非洲

为了打破这样的被动局面，主管林明在一次周会上做动员时称，非洲相比中国较为落后，又不太安全，但是既然来到非洲，就不要混日子。

此次讲话触动了朱春雷的内心。朱春雷坦言："无论在什么岗位，责任心都是做好事情的前提。"

刚开始拓展市场时，由于自身的战略思路不清晰，对于到底是先拓展渠道还是先拓展项目，内部争论并不统一，业绩拓展进展不大。朱春雷回忆道："我们曾经两年几乎零订货，只靠运气打下一两百万的粮食勉强糊口。每次开会，面对乏善可陈的成绩单，我都感到深深的羞愧。因为我们是大家眼中的'乌合之众'，业务拓展没有战斗力，内部流程没有规范性，没有业绩。"

为了解决业绩问题，朱春雷和几个同事采取分工明确、各司其职的做法。在没有产品经理的境况下，朱春雷负责了大多数项目的前期拓展。朱春雷回忆道："用所学的知识与客户沟通，关键是听明白客户的想法；竞争项目在前，团队从没有退缩，因为'光脚的不怕穿鞋的'，我们退无可退；为了推动项目，每天来回驱车几十公里，风雨无阻；评标阶段怕出问题，夜晚守在客户楼下，在车里眼睛都不敢眨，一盯就是几个小时……"

在这样的艰苦努力下，一个一个的项目被突破，业绩也逐渐地好起来。朱春雷直言："也正是在这些项目中，大家一起做市场洞察、评审客户关系、策划市场活动，哪怕这个团队一直有人离开，也会有人立刻顶上，保证团队继续前进。"

改变市场策略

在消费者业务,尤其是手机市场的拓展上,华为在肯尼亚也积极推进,并把重点布局在价格体系上。华为之前一直专注于肯尼亚的中端机市场,并拿下该国中端机市场30%的份额。此后华为又向肯尼亚市场投放P8手机,以期占领高端机市场。为了进一步扩大市场份额,华为开始有针对性地改变肯尼亚市场的拓展战略,有条不紊地向肯尼亚市场推出数款当地消费者可承受的,销售价格在100~200美元的智能手机。

华为肯尼亚市场负责人德雷克·杜在接受媒体采访时称,华为此举的目的就是未来把华为在肯尼亚低端手机市场的占有率从4%提升到15%。

德雷克·杜说道:"此前我们一直不关注200美元以下的市场,但今年(2017)我们要改变策略,两个市场都要兼顾。"

德雷克·杜之所以改变在肯尼亚的销售策略,是因为肯尼亚市场拥有上千万用户,而且这些用户正在经历从功能手机转换到智能手机的关键时期,对他们来说高速互联网、类似WhatsApp(瓦次普)的通信应用、移动支付和在线打车服务更有吸引力。[1]

肯尼亚毕竟不是发达国家,肯尼亚用户在购买中高端手机

---

[1] 锐志.放低身段 华为用廉价机争夺非洲市场[EB/OL]. 2017–09–15.https://tech.qq.com/a/20170915/005718.htm.

时，对销售价格相当敏感。据了解，肯尼亚人的年平均收入为1 200美元。这样的收入水平意味着大多数肯尼亚人不会买中高端手机。因此低端手机市场的发展潜力巨大。

第五部分　布局东南亚

第 12 章　涉足新加坡

经过几年的国际化实践,华为先后拓展了非洲、东南亚、南美、北美、欧洲市场,已经积累了不少国际化战略经验。2004年,华为的销售额达到462亿元,其中海外市场达到22.8亿美元。

此刻的华为,并没有放缓自己的国际化步伐,依旧在拓展海外市场边界。当初散状的"睡莲"已经起到了"根据地"的作用。华为先后成功地拓展了泰国、越南、菲律宾等东南亚国家市场,在东南亚站稳了脚。其后,华为继续拓展新加坡市场,以此来巩固自己的市场地位。

相较于非洲、欧美国家,华为拓展新加坡市场的时间相对较晚,直到2005年才开始。

在业界,华为产品的高性价比扬名中外,但是在新加坡市场,华为的价格优势起到的作用却非常有限。2011年9月,曾就职新加坡华为公司的一位负责人谈到,拓展海外发达市场,比拓展中国国内市场要困难得多。不过好在新加坡政府为TMT(科技、媒体和通信）领域的投入提供了一个相对优越的市场环境。

新加坡经济发展局原资讯通信与媒体业执行司长吴汭钢在接受《经济观察报》记者采访时介绍，新加坡建立全岛互通的基础设施，包括固网和无线网，在2012年覆盖全岛的95%，无线网在2010年已经实现差不多150万的用户量。全岛网点已超过7 000个，速度可达1兆，全部免费。[1]

在当时，新加坡电信业的大部分业务都是由那些知名度较高、技术成熟的电信公司提供的。2005年，在新加坡运营商看来，华为还是一个不知名的供应商，直到2007年，华为的境遇才有所好转。

不计成本

作为新加坡三大电信运营商之一的电信公司即将上马一个NGN（网络和项目捆绑业务）项目，正在寻找供应商。NGN项目最大的问题就是，需要专门为此开发一套软件。

面对这样的定制业务，华为虽然感到有些棘手，但还是毅然地承接了NGN项目，这也是华为在新加坡承接的首个项目。

所谓定制业务，就是专门为新加坡市场开发的相关产品，其受众只能是新加坡本地市场，不可能用到其他国家和地区的

---

[1] 刘丹. 华为海外拓展的新加坡往事 [N]. 经济观察报，2011-09-07.

第五部分　布局东南亚

市场。

研发这样的项目，成本十分高昂。不管是国际电信设备巨头爱立信、诺基亚，还是新加坡本地电信设备厂商，都不愿意承接，更不愿意不计成本地研发这类软件。

面对挑战，华为还是决定深耕新加坡"鸡肋"市场。正如当年华为负责人所言："做得蛮辛苦的。"

研发这套软件，华为组建了一个1000多人的研发团队，耗时一年。一年以后，华为投入巨资研发的项目终于完成并交付，并且顺利地通过了新加坡电信部门苛刻的测试。

NGN项目的顺利完成，给华为在新加坡市场的拓展开了一个好头。

2007年以后，华为在新加坡市场迈上了新的台阶。华为承接了新加坡大型网络业务项目，包括StarHub（新加坡电信运营商）的整个3G网络等。

与越南、马来西亚、澳大利亚等国家相比，新加坡的政府环境对华为最为支持。截至2011年9月，新加坡手机渗透率达143%，平均每个人有1.4部手机。而且新加坡的家庭宽带已达到100兆，目前世界上大部分国家想做到高保真的视频通话都多少存在带宽瓶颈，而新加坡却可以轻松实现IPTV（交互式网络电视）。[①]

---

① 刘丹. 华为海外拓展的新加坡往事 [N]. 经济观察报，2011-09-07.

赢得 5G

在新加坡市场,华为因为出色的技术和极致的服务,赢得了运营商的认可。正因为如此,华为凭借自己的实力,获得 5G 竞争的机会。

2019 年 3 月,彭博报道称,新加坡通信部部长及新闻部部长兼贸易关系部部长易华仁对外宣称,新加坡的 5G 网络必定是多元化的,5G 网络的建设由运营商自行决定。

作为世界级的金融中心,新加坡非常重视 5G 在经济领域的支撑作用。其中,新加坡电信运营商 M1 与华为签下了 5G 网络试用,这就意味着华为将负责新加坡的 5G 网络建设。这样的项目,必然引起各大设备供应商的激烈竞争。华为与新加坡本地的网络建设关系较为久远。2007 年,华为就赢得了新加坡电信巨头 StarHub 的认可,一起建设 3G 网络。2010 年,华为在新加坡研发了首个路由器集群系统,帮助其实现商用。后来,华为赢得了新加坡 4G 网络的建设。2016 年,华为给 StarHub 提供了千兆 4G 室内网络。

新加坡市场愿意选择华为,是因为华为比竞争对手的技术更加成熟和完善。无论是在亚洲,还是在世界范围内,华为提供的价格和技术都更有吸引力。

第13章 开发日本

2004年，之前遭遇低谷的华为开始缓慢复苏，同年，任正非把国际化市场拓展的目光转移到日本。带着诸多的使命，任正非出访和考察日本。回国后，任正非思绪难平，写下了一篇脍炙人口的文章——《北国之春》。此次考察让任正非看到日本巨大的人力资本、技术和产品研发潜力，决定加速拓展日本市场，因为该市场的潜力不容忽视。2005年，华为在日本成立华为技术日本株式会社，员工20名，由此开始了日本市场的拓展之路。经过华为的不懈奋发，华为技术日本株式会社的成绩蒸蒸日上。

产品质量 VS 以客户为中心

拓展并打开日本市场，华为经历了多重考验。华为技术日本株式会社公共关系部部长魏新举回忆称，华为在拓展日本市场之初，遭遇了非常苛刻的质量要求。"在这个过程中，华为意识到必须要积极改进产品质量，提升自身的质量管理体系。"

在魏新举看来,也正是因为日本的产品质量要求极高,才促使华为一方面满足了客户的需求,另一方面也提升了自己的能力。魏新举说道:"现在华为产品不仅能满足日本市场的要求,而且能满足全球市场的需求。"

2006年,华为技术日本株式会社接到NTT(日本电报电话公司)的一个订单。NTT很强势,一方面,没有任何合同协议;另一方面,NTT要求华为提供一款新产品,其技术要求非常高,也非常细,甚至可称为前所未有。

接到订单后华为研发部门开启了一个非常规模式。他们不得不牺牲掉休息日,连续工作60天后,终于顺利地完成了该项目。

虽然拓展日本市场异常艰辛,但是却解决了一个高标准的质量问题。不但具有欧美市场的高标准,甚至更加精益求精,同时具有东方匠心文化的人文情怀。魏新举说道:"德国和日本是全球公认的质量领袖,在质量管理方法和文化方面非常值得我们学习。可以说,满足了日本市场的质量要求,也就等于基本满足了全球的质量要求。"

对于高质量要求,不仅NTT,日本电信运营商KDDI也是如此。据了解,KDDI在日本排名第二,同时也位居世界第十二位。

当华为完成了NTT的项目后,KDDI也看到了华为的真正实力。2008年7月,KDDI决定考察华为的生产现场。

第五部分 布局东南亚

在当时，自信的华为公司一厢情愿地认为，通过 KDDI 的审核是小事一桩，不会存在任何问题。

然而，这样的自信却栽倒在 KDDI 面前。为了更好地合作，KDDI 派出自己的资深认证官福田来审核。在现场福田按照日本企业的标准开始检查，其细致程度和严谨性让很多华为员工目瞪口呆。

福田在生产现场审核中，用随身携带的白手套擦拭灰尘，用放大镜勘验焊点的质量，用手电筒观察设备和料箱是否有灰尘。当出现相关问题时，福田用照相机拍摄实物图片。

就这样，福田完成了自己的首次审核。其后，福田把 93 个不合格项交给华为后，返回了日本总部。

对于现场考察的结果，福田给出了负面评价。他说道："华为质量水平不行，而且华为工程师太骄傲，不够谦逊。"

除了福田，其他的 KDDI 专家也批评了华为，他们都提到了华为自身太过乐观的态度。针对此问题，KDDI 专家告诫华为，别做"井底之蛙"。

收到福田的 93 个问题后，华为内部展开了一场辩论。一方面，部分华为人认为，他们在质量问题上已经做得很好了，尤其是在行业规范方面，早已达标了。另一方面，有的华为人认为，福田的做法过于"吹毛求疵"。华为各部门一时都难以接受，虽然每天晚上都讨论到 12 点，但是针对福田提出的 93 个问题，依旧争论不休。

争论的焦点涉及厂房环境温度和湿度控制、无尘管理、设备ESD（静电释放）防护、周转工具清洁、印锡质量、外观检验标准、老化规范等。

上述的每个问题，其要求都较高，很多要求甚至远超出行业标准。不得已，华为通过相关渠道打听摩托罗拉有没有通过整个认证，结果是，作为世界500强企业的摩托罗拉，同样未通过整个认证。来自摩托罗拉的回复称，要是华为能够通过该认证，其他公司的认证也都能通过。

综合各方的意见后，华为的领导层经过讨论，一致认为，作为客户，KDDI提出的93个问题是真诚的、认真的。否则，KDDI也不会让福田和其他专家一行提出如此多的问题，也不会检查得如此细致。于是，华为达成一致意见，必须保持开放的心态，在质量方面，华为必须要有更高的进取心，要迎难而上，不能退缩，不能放弃。只有这样，华为才能"更上一层楼"。

在接下来的4个月里，华为坚持以KDDI的要求为标准，以客户的思维和角度改进生产现场，一方面加大投入资源优化改造设备和生产现场，另一方面也做好准备迎接第二次现场生产的审核。

2008年12月，华为市场部和日本代表处倾尽全力，以足够的诚心，才打动了福田等专家。当初华为人给福田留下了不好的印象，因此他不愿意二次审核。在福田看来，华为工程师

第五部分　布局东南亚

过于喜欢争论文件条文和标准，并且封闭和自满。正因为如此，当面临再次审核时，华为人如履薄冰，如坐针毡。

当二次审核完毕后，福田依旧列出了 57 个问题。福田说道："这次做得不错，其中 ESD 改善得很好。质量控制部门在所有区域中做得最好，只有 9 个问题，而有些做了 10 多年的公司审核问题都不下 30 条。装配部门做得不是很好，指导书还需要再完善一下才能更上一个台阶。大家以后再接再厉！"

华为人惴惴不安的心终于踏实了，华为通过了福田的现场生产考核。2009 年 10 月，华为赢得了 KDDI 的首份合同。

为了更好地监控华为的现场生产，2009 年 11 月 16 日—23 日，KDDI 派出 8 名专家蹲点华为生产现场。在此次审核中，8 名专家在生产线上全过程查看华为的产品生产。从产品生产的第一个流程开始，即从最开始的原材料分料，到成品的最后装箱，8 名专家都必须亲自过目、检查，这才让他们放心。

KDDI 8 名专家为期 8 天的生产全过程检验，让华为学习到了日本质量管理。不管是华为的一线员工，还是高层主管，他们都在生产现场，而且一丝不苟，全程投入生产和管理，通过真诚和努力终于感动了 KDDI 的 8 名专家，使得 KDDI 认可了华为。

虽然 KDDI 提出的问题点及建议高达 24 个，但是 KDDI 的专家对华为生产过程的质量控制系统非常认可，也很满意华为员工的工作态度。

与当地机构展开多领域合作

华为在提供极致的产品和服务的同时,也在有条不紊地建立研发基地。

亚洲通讯社社长徐静波在"第十五届中国制造业国际论坛"的演讲中称:"华为手机这几年发展得很快,你们要知道华为手机基本上是在日本研发的。任正非先生这个人很聪明,他不是把人家的生产线买下来,而是把人家的头脑买下来。日本这么多公司,有这么多手机研发人才,他把他们高薪雇用起来,在横滨设立了一家研究所,招募了400多名日本的手机工程师,帮华为研发智能手机。"

华为日本研发中心目前所承担的主要研究方向是材料科学,迄今为止,华为已经雇用了1 400余名日本的手机与IT领域的工程师,在东京、横滨、大阪开设了四个研究所。据华为官网介绍,华为日本公司75%以上是本地雇员。

据媒体披露,华为技术日本株式会社的主营业务集中在三个部分:(1)销售与服务;(2)研发中心;(3)采购中心。

在销售与服务方面,尤其是消费者业务上,华为针对其客户的真实需求提供创新产品。2007年,华为在日本上市第一款数据通信终端。2009年,华为在日本上市首款可支持3G通信的数码相框和移动便携无线路由器。2010年,华为首款面向儿童用户的儿童手机在日本上市。2012年,华为智能手机品牌

"Ascend"和"STREAM"在日本上市。2013—2014年,华为在日本上市智能手机Ascend D2、STREAM S;扩充平板电脑产品系列;推出8款SIM(用户身份识别模块)无锁设备智能手机、平板电脑和可穿戴设备;日本五家通信运营商推出华为带触摸屏功能的移动便携无线路由器;2014年12月,华为旗舰机型Ascend Mate7上市……[①]

在研发方面,华为日本研究所的研发主要集中在两个方向:第一,为日本本土客户提供基础支持;第二,加强与日本供应商的深度合作。

魏新举介绍道:"这种合作分为几种方式。首先是华为将路标开放给供应商,供应商将产品销售给华为,或者华为为供应商提供研发资金和技术。其次是华为跟日本大学或研究机构合作来开发新技术。最后是日本科研机构将技术和专利授权或出售给日本企业,由日本企业生产出符合华为需求的产品。"

在采购方面,华为公开的数据显示,在短短几年内,华为对日本的采购额,从2009年的3亿美元上升到2014年的17.5亿美元。华为的主要合作伙伴包括:住友电工、京瓷、村田制作所、NTT、富士通、欧姆龙、古河电工、松下电器、东芝和爱普生等。

与日本供应商的深度合作,提升了华为自身的竞争力。华

[①] 李前.华为在日本[J].进出口经理人,2015(08):32-34.

为在日本的零件采购主要涉及手机显示屏、内存及光学部件。

魏新举客观地介绍道:"华为在日本的快速发展,很重要的一个原因是华为已经融入了日本ICT产业界。这表现在华为加入了日本当地多个协会,比如信息通信网络产业协会、日本网络安全协会、电波产业协会和日中经济协会等。同时,华为还积极参加新技术研究。"

在魏新举看来,在日本的投资、技术和人才都是助力提升华为竞争力的源泉。在全球ICT产业中,日本市场规模不可小觑,不仅如此,其技术水平在全世界多个领域领先。

魏新举说道:"无论是电信网络设备投资、移动终端投资,还是数据中心的投资,日本在全球都居于第三位,仅次于美国和中国。"

在魏新举看来,日本拥有较为完备的产业链,不管是元器件、终端、CT(通信技术)设备商、IT设备商、系统集成,还是ICT服务商、OTT(互联网公司越过运营商)业务,均有相配套的供应商。

这就是华为在日本设立研究中心的原因。对此,魏新举说道:"我们充分认识到了日本科研资源的优势。日本研发资源丰富,相关高校和研究所遍布全日本。华为已与这些机构展开了多领域的合作。"

第14章　获得马来西亚认可

2001年，华为悄然布局马来西亚市场，其后开始了自己轰轰烈烈的拓展之路。

2018年底，马来西亚通信与多媒体委员会成立5G工作小组，华为和中兴等中国公司成为该小组的成员。2019年2月，华为与马来西亚电信公司明讯（Maxis）签署了该工作小组的战略合作。经过多年的深耕，华为服务已经覆盖马来西亚全境，甚至得到马来西亚总理马哈蒂尔·穆罕默德的大力支持。2019年5月30日，正在日本访问的马哈蒂尔·穆罕默德总理公开宣称，马来西亚将继续"尽可能多地"运用华为的技术。理由是，"华为（的技术）相比美国技术有巨大优势"。

华为不仅是全球顶尖信息与通信技术解决方案供应商，同时也是全球最大的电信设备制造商。在马来西亚，华为提供的服务和产品遍布马来西亚的各个角落，从企业智能化运作到普通民众使用的手机上网，都有华为技术在背后支撑，可以说只要有网络，就有华为。

海拔 3 272 米的站点建设和维护

2001 年，华为与马来西亚当地运营商一起，提高了马来西亚的通信服务质量，不仅加速了马来西亚的通信基础设施建设和经济发展，而且促进了马来西亚的数字化转型。

如今越来越多的马来西亚当地用户享受到了高质量的通信服务。例如，由于华为提供了通信设备，在马来西亚最高峰——京那巴鲁（Kinabalu）山地区，每年对外拨出的平安电话达到 47 万个。

京那巴鲁山位于马来西亚沙巴的京那巴鲁山国家公园内，有的翻译为基纳巴卢山、金乃巴罗山，海拔 4 095.2 米，是马来西亚最高峰。在马来西亚人的心中，这座山就是名副其实的"神山"，它还有一个与中国有关的传说。

在当地的方言中，Kinabalu 被翻译为"中国寡妇"。相传，中国两兄弟在大海上捕鱼时，遭遇大风暴，被席卷到沙巴，两兄弟最终被当地人救起。

此后，兄弟俩与当地女子结婚生子。但是，由于思乡心切，兄弟俩商定，先由哥哥驾船返乡，其后再回来接全家回乡。

结果，哥哥驾船一去，就再也没有音信。大嫂每天都站在沙巴的高峰上眺望海面，等待丈夫的归来。大嫂长久的等候，感动了天神，于是把大嫂的脸庞刻在山顶。

由于这个凄美的故事，以及自身的地理位置，2000 年，京

第五部分　布局东南亚

那巴鲁山国家公园被联合国教科文组织列为世界自然遗产。每年接待的游客数以万计。

据 Trek Finder 旅行社经理威尔逊·陈介绍："每年来神山的登山者大约有 3 万人，其中多数是国际游客，神山已经成为马来西亚旅游的一张名片。几乎每位登山者来到这里，都会迫不及待地与家人、朋友联系，一方面分享自己旅途的经历；另一方面报个平安，让家人放心。"

游客要想登上顶峰，通常会在位于神山海拔 3 272 米处的拉班拉塔客栈休整，一般是在第一天登山至此，后留宿一夜，第二天凌晨两点再从这里出发，冲击峰顶。

在客栈中，华为就提供了相关的设备以及维护工作。据华为马来西亚运营商网络项目管理经理李树参介绍："客栈的通信基站是马来西亚海拔最高的基站。山上没有缆车和索道，所有的通信设备都需要人拉肩扛，从山脚一路运上来。"

也就是说，京那巴鲁山基站的华为设备，是通过人工的方式运到海拔 3 200 多米的站点的。华为工程师不仅需要人工搬运设备，同时还必须解决安装调试、维护升级设备过程中的自身高原反应问题。即使在如此极端的条件下，华为工程师依旧高质量地完成了设备的安装调试任务。

据媒体报道，来自美国芝加哥的登山爱好者尼克与 4 位朋友刚到客栈不久后，就开始在脸书和 Instagram（照片墙）上分享沿途的风景和自拍。尼克说道："一方面手机拍照给自己留念,另一方面是与家人和朋友分享。一开始我并没有觉得这里有网络信号有什么奇怪,因为网络现在已经像空气一样,既司空见惯又不可或缺,直到有朋友给我留言说:'你不是去登山了吗,怎么还能上网?'我才意识到,在海拔3 000多米的山顶还有网络信号确实挺不可思议的。因为昨天是端午节,有位华裔朋友甚至跟我开玩笑说:'山顶还能上网,是不是还供应粽子?'看来他们也没想到这里能有网络。不过,家人和朋友看到我发的照片,知道我们一行人都平安,这比什么都重要。"①

T3计划

时至今日,在马来西亚仍有不少居民住在热带雨林深处。为了改善居住在偏远地区的居民网络通信问题,尤其是为了实施马来西亚的数字化转型战略,马来西亚通信部联合马来西亚的三家主要移动运营商共同开启了 T3 计划。

在 T3 计划中,华为就是三家马来西亚电信运营商的设备提供商,由华为来建设和维护马来西亚300多个偏远地区站点。秉祥安站点就是其中一个。在该站点的维护和升级中,华为工程师每次都会耗时耗力。华为内部的相关资料显示,时任华为东马偏远站点项目经理的何国栋,每次与相关工程师到该

---

① 心声论坛.十六年,华为在马来西亚征服的不仅仅是世界第 20 高峰 [EB/OL]. 2017-11-13.http://www.sohu.com/a/204012917_624053.

站点维护和升级时,都要耗费一整天,仅往返车程就需要 15 个小时。

何国栋说道:"我是地道的马来西亚华人,但是在去秉祥安站点之前,我真的不知道在马来西亚有开车 7 个多小时才能到的地方。"

去秉祥安这么偏远的站点维护和升级,其艰难程度难以想象。每次去升级和维护时,华为工程师都需要同时开上两辆四驱皮卡车,才能确保完成任务。

这是因为不少偏远站点所在的地区都不通公路,加上密林中的泥泞,车轮陷进泥坑里在所难免。此时,两辆四驱皮卡车就相互拖拽,否则很难从泥坑里开出来。何国栋说道:"两辆皮卡一起,有时也不能确保无虞。要是遇到下雨,土路一下子就全变成了泥坑,那样就只能在车里将就一夜,等雨停了再一点点地往外开。"

在如此艰苦的环境中,哪怕是付出无数努力,也要给客户提供高质量的通信服务,这就是华为的价值所在。

其中,身为马来西亚人的穆罕穆德深有感触,他是华为负责偏远站点基站维护的工程师,他说道:"在华为工作的同时,也能为我的同胞提供更好的通信服务,我感到非常自豪。在马来西亚许多偏远地区还散居着不少村落居民,交通不便使他们在物理上与外界隔离,可无线网络的开通给他们打开了一扇了解世界的窗口。偏远站点很多地方路况很差,手机放在口袋里,一路颠簸，计步器都能算出上万步。艰苦的付出，是为了让信息在不通路的地方，能够顺畅地传递，这正体现了华为这样的世界500强企业的一份责任与守护。"

正是因为提供给客户的服务如此极致，华为赢得了马来西亚客户的深度认可。自从2001年华为拓展马来西亚市场以来，华为与马来西亚运营商共同建设了马来西亚通信网络，推动了马来西亚经济发展。

2019年9月24日，马来西亚通信和多媒体部部长戈宾德·辛格·德奥在出席一场行业活动时说道："人们希望马来西亚能够兑现对5G的早期承诺，即快速部署5G试验台和全国示范项目，使马来西亚成为世界上采用5G的领导者之一。"

同日，全球移动通信系统协会在一份报告中预测，到2025年，马来西亚的5G手机用户将占到20%，略高于整个亚太地区的17%。

戈宾德·辛格·德奥在接受马来西亚《新海峡时报》的采访时指出，通信及多媒体部也在着手加强数码基础的建设，为马来西亚NFCP（国家光纤化与连接计划）打下了基础。NFCP项目耗资216亿林吉特，计划在5年内完成，NFCP项目涵盖乡区数码基础设施的构建、运作和维护。

马来西亚通信和多媒体委员会主席伊沙克在接受《日本经济新闻》采访时提到，马来西亚预计将在2020年下半年宣布5G服务供应商的频段分配。华为已经与马来西亚多家电信公司

第五部分 布局东南亚

签署 5G 网络合作初步协议，其中包括亚通集团（Axiata）的天地通公司（Celcom）、马来西亚电讯公司（TM）、明讯公司。

与此同时，华为开始在布城及赛城测试 5G 网络基础建设项目。在 5G 网络业务的竞争中，竞争者包括瑞典的爱立信、芬兰的诺基亚，以及中国的中兴通讯。2019 年 5 月 18 日，竞争者爱立信也与天地通进行了 5G 网络测速。

一名华为高层领导者说道："我们已经为合作伙伴马来西亚推出 5G 服务做好了准备，我们的优势在于技术、成本和运输方面。"

华为提供的产品和解决方案服务了马来西亚 80% 以上的人口。如今的华为，在马来西亚拥有超过 150 个本地合作商，工程、行政等相关采购 95% 来自本地，间接带动了上万人次的就业。华为在马来西亚拥有的 2 500 多名员工中，有近七成是马来西亚本地员工。在马来西亚，无论是在人口稠密的吉隆坡市中心，还是在世外桃源般的美人鱼岛，游客和本地居民都可以用上便捷流畅的 4G 网络；无论是在过去信息闭塞的偏远乡村，还是在海拔最高的马来西亚神山，与外界互通信息都从奢望变成了现实。[①]

[①] 心声论坛. 十六年，华为在马来西亚征服的不仅仅是世界第 20 高峰 [EB/OL]. 2017-11-13. http://www.sohu.com/a/204012917_624053.

第六部分　以土地换和平

第15章 国际化2.0

为了活下去,华为凭借"农村包围城市"战略开启了自己的国际化1.0之路。在此阶段,华为按照高性价比的战略拓展亚洲、非洲、南美市场,由此被称为"价格屠夫"。

然而,屡试不爽的高性价比战略却在欧洲市场开拓中折戟。这让华为决策层不得不重新审视自身的国际化战略。欧洲市场不像亚洲、非洲、南美市场,单纯的高性价比战略已经走不通。华为决策层由此启动了自己的国际化2.0之路——"以土地换和平"。

"种子"市场

在国际化1.0阶段,华为凭借"农村包围城市"的战略,渐渐地获取了一些海外市场。与爱立信、诺基亚等跨国公司相比,此阶段的华为不仅没有与之相对应的领先的产品技术,而且没有配套的国际化管理体系,其首要任务是拓展欠发达地区的市场,试图能够活下来。

华为国际化

从 1997 年开始，华为委派工程师拓展海外业务，但是他们却不知道客户到底在哪里。在此阶段，华为不得不通过"撒种子"的做法拓展欠发达地区市场。具体的做法是：华为派出一到两个工程师进驻一个国家或者地区，以此为一粒"种子"，让这些"种子"在当地市场发芽、茁壮成长。

这些"种子"在拓展这些海外市场时，有意地与海外市场潜在客户接触和沟通。结果发现，在一些偏远的地区，很多跨国企业不愿意拓展的、未被满足的需求依旧存在。当华为发现"利基市场"后，凭借定制化的产品和服务，以及自身的低价高性能，赢得了一部分客户的认可。

华为在欠发达国家市场发力，第一个原因是这些通信设备市场，要么是成本太高，要么是市场太小，资金和技术雄厚的跨国通信企业压根儿就看不上，甚至视其为"鸡肋市场"。然而，正是被大型跨国企业忽略的"鸡肋市场"给了华为一个展现自我的舞台。在活下去战略的指导下，华为自然愿意拿下这个潜力巨大、待发掘的市场。

任正非在一次内部讲话中直言："当我们计划国际化的时候，所有肥沃的土地都被西方的公司占领了。只有那些荒凉的、贫瘠的和未被开发的地方才是我们扩张的机会。"

华为拓展这些欠发达国家市场的第二个原因是，这些欠发达国家市场与中国市场类似——市场发展水平都不成熟，本地消费者在这样的市场中通常对价格十分敏感，同时他们对产品的质量要求也不会像发达市场那样高。所以,华为不需要做特别的调整和改动,就能很有效率地把中国市场的产品转移到这些市场。①

遭遇成本上升

在国际化市场的拓展中,华为也同样遭遇了拓展成本增加与利润率下滑的问题。2005 年,华为的销售额达到 83 亿美元,比 2004 年增长了 56%,但是其净利润增长却很小,仅为 9%。后来华为的利润率甚至开始逐步下降。数据显示,2003 年,华为利润率为 53%,2004 年的利润率为 50%,2005 年下滑到 41%。

利润率的下降,意味着华为的主要成本构成和增长模式已经产生变化。

低廉的研发费用一直是华为的一大竞争优势。2004 年西门子公司董事会内部汇报材料佐证了这样的观点。该报告分析了华为的低成本优势关键就在于低廉的研发成本。其数据详情如下:华为研发的人均费用为 2.5 万美元 / 年,而欧洲企业研发的人均费用大概为 12 万~15 万美元 / 年,大约是华为的 6 倍;华为研发人员年均工作时间大约为 2 750 小时,而欧洲研发人员

---

① 吴晓波,[德]约翰·彼得·穆尔曼,黄灿,郭斌等. 华为管理变革[M]. 北京:中信出版社,2017.

年均工作时间大约为 1 300~1 400 小时（周均 35 小时，但假日很多），人均投入时间比为 2∶1。因此华为在产品响应速度和客户化特性方面反应较快，研发投入产出比接近大多数西方公司的 10 倍。这就是华为以小博大的核心优势。[①]

虽然华为拥有如此大的竞争优势，但是在国际化拓展中，成本上升的问题却开始显现出来。与东道国本地的企业相比，外来者将面临更高的成本。这些成本来自文化差异、制度差异和市场差异，以及由于需要在跨国情境下协调各个子公司运营所产生的复杂的协调成本。就此而言，外来者的劣势就是跨国公司在海外市场运作的时候发生的额外成本。在华为开始国际化的早期阶段，克服外来者劣势是公司的首要任务。[②]

在很多时候，尽管华为研发人力成本相对较低，但是在某项技术的初始研发阶段，必然会增加研发成本，导致产品技术的研发效率低下。尤其是在产品交付后，产品出现的问题较多，需增加产品的总体成本。这意味着，仅仅凭借单纯的研发低成本，很难保证自己的竞争优势，尤其是端到端的竞争能力。

面对节节攀升的成本问题，此刻的华为决策层意识到，海外市场的拓展，也必须严控成本。

自从 2002 年开始，华为对内进行了有效的成本控制。例

[①] 丘慧慧，朱志超. 华为的天花板 [J]. 商周刊，2012（10）:69.

[②] 吴晓波，[德] 约翰·彼得·穆尔曼，黄灿，郭斌等. 华为管理变革 [M]. 北京：中信出版社，2017.

如，对出差、会务接待、通信费用等方面的报销进行规范和调整，有效地全面控制华为费用的支出。这样的调整取得了较为明显的效果。华为财务部门人士介绍，自从实行成本控制后，仅日常管理费用开支这一项，每年就可以节省十多亿元。

第16章　友商时代

2013年5月17日,来自奥地利《经济报》的报道称,爱立信和诺基亚-西门子通信两个公司在2013年5月16日发表声明,批评欧盟贸易事务委员卡雷尔·德古赫特拟对华为启动反倾销、反补贴调查。

按照传统的惯例,爱立信和诺基亚-西门子会通过欧盟的操作联手将华为赶出欧洲市场,但是它们却主动站出来为华为说话。这样的转变源自思科以知识产权为由起诉华为时,新结盟的盟友——3Com在此次应诉中为华为辩护,最终华为赢得了思科诉讼的胜利。正因为如此,任正非提出共赢竞争策略,放弃之前的竞争策略,甚至把竞争对手称为"友商"。为此将华为的这一阶段称为"友商时代"。

向拉宾学习,以土地换和平

在国际化征途中,思科的起诉让华为警醒。中国企业必须解决国际化市场中的知识产权保护问题。

第六部分 以土地换和平

在与思科的对决中，华为在国际化的拓展中体会更深。2006年，任正非在内部讲话中谈道："IPR（专利）是国际市场的入门券，没有它，高科技产品就难以卖到国际市场。虽然华为每年按销售收入的10%~15%投入研究开发，在研究经费的数量级上缩小了与西方公司的差距，也在IPR上缩小了差距。华为已有8 000多项专利申请，但相对世界几十年的积累是微不足道的。IPR投入是一项战略性投入，它不像产品开发那样可以较快地在一两年时间内就看到其效果，它需要一个长期的、持续不断的积累过程，华为一方面加大了IPR研发的投入；另一方面华为真诚地与众多西方公司按照国际惯例达成了一些知识产权的交叉许可协议，有些还在谈判并继续达成协议的过程中。思科起诉华为，只是所有这些谈判中没有取得一致意见的一例，在西方发达国家这种官司非常普遍，华为在这场诉讼中证明了自己是清白的，是讲诚信和值得客户及竞争伙伴信任和尊重的。官司已经结束了，它并不影响华为与思科继续合作。国际市场是一个法治的环境，也是一个充满官司的环境，华为有了这些宝贵的经验，今后就不会慌张失措了。华为以后主要的销售在海外。没有与西方公司达成的许可协议和由此营造的和平发展环境，这个计划就不能实现。我们是付出了少量专利许可费，但我们也因此获得了更大的产值和更快的成长。"[①]

[①] 任正非.“我们要鼓励自主创新就更要保护知识产权”[J].中国企业家，2006（z1）:30-33.

任正非意识到，在拓展欧美市场时，要想取得实质性突破，必须通过结盟或者合作的方式，任正非称其为"以土地换和平"。

任正非在内部讲话中谈道："我们把竞争对手称为友商，我们的友商是阿尔卡特、西门子、爱立信和摩托罗拉等。我们要向拉宾学习，以土地换和平。拉宾是以色列前总理，他提出了以土地换和平的概念。2000年IT泡沫破灭后，整个通信行业的发展趋于理性，未来几年的年增长率不会超过4%。华为要快速增长就意味着要从友商手里夺取份额，这就直接威胁到友商的生存和发展，可能在国际市场到处树敌，甚至遭到群起而攻之的处境。"

面对对手的集体围攻，尤其是遭遇像思科一样的对手围攻，这不仅增加了华为拓展海外市场的难度，而且使华为的口碑受损，更为严重的是，资金和研发实力相对弱小的华为，经不住如此折腾。

在任正非看来，华为有所为，有所不为。任正非说道："华为现在还很弱小，还不足以和国际友商直接抗衡，所以我们要韬光养晦，要向拉宾学习，以土地换和平，宁愿放弃一些市场、一些利益，也要与友商合作，成为伙伴，共同创造良好的生存空间，共享价值链的利益。我们已在很多领域与友商合作，经过五六年的努力，大家已经能接受我们，所以现在国际大公司认为我们越来越趋向于朋友。如果都认为我们是敌人的话，我们的处境是很困难的。"

战略思路的转变,让华为在欧洲市场较为顺利,当华为遭遇欧盟反倾销调查时,爱立信、诺基亚等纷纷力证,华为不存在反倾销行为。

付出合理费用,扩展市场空间

针对专利问题,任正非坦承,华为可以通过合作,或者付费的方式来解决。任正非说道:"当前我们在技术上也要韬光养晦,要承认人家领先了许多。……通过谈判,付出合理费用,就扩展了市场空间,对我们是有利的,至少可以拖动巨大的制造业前进。由于技术标准的开放与透明,未来再难有一家公司、一个国家持有绝对优势的基础专利,这种关键专利的分散化,为交叉许可专利奠定了基础,相互授权使用对方的专利将更加普遍化。由于互联网的发达,使创造发明更加广泛化了,更容易了。我们要把知识产权融入国际市场俱乐部,我们相信我们的计划一定会实现的。"[1]

在任正非看来,通过对话和支付相关的费用是最好的解决专利问题的办法,一方面可以避免华为在海外市场遭遇攻击,另一方面还可以赢得友商的尊重。

---

[1] 任正非. 我们要鼓励自主创新就更要保护知识产权 [J]. 中国企业家, 2006 (z1):30-33.

任正非解释道:"华为是小公司的时候就很开放,和别人总体都是保持友好的。为什么我们在国际市场有这么好的空间?因为我们知识产权的'核保护伞'建立起来了,这些年我们交了那么多的知识产权费给别人,当然我们也收了非常多的专利费,和那么多公司签了专利交叉许可协议,这本身就是友善、尊重别人嘛。我们现在发展速度比别人快,进入的领域比别人深,我们还要顾及世界的发展。"

基于此,华为与合作者相互交叉授权相关的专利,以此来向对方支付相关的知识产品费用。《北京商报》报道称,根据国家知识产权局公布的许可备案登记信息,2015年,华为向苹果公司许可专利769件,苹果公司向华为许可专利98件。[①] 2015年,华为与苹果两家公司达成一系列专利许可协议,其中就涵盖GSM、UMTS(通用移动通信系统)、LTE等无线通信技术。

按照专利授权惯例,当两家公司在签订专利许可时,专利许可数量少的一方往往会向数量多的一方支付相关数额的专利费。例如,2015年底,当爱立信与苹果公司签署专利授权协议时,爱立信就明确向苹果收取专利费。

在投资银行ABG Sundal Collier的一份报告中就提到这个问题。该报告显示,爱立信向苹果收取苹果手机和平板电脑营

[①] 钱瑜,石飞月.中国通信企业技术逆袭 苹果向华为交专利费[N].北京商报,2016-05-11.

业收入大约 0.5% 的专利费。在此前,爱立信通过诉讼,要求苹果每年向爱立信支付 2.5 亿~7.5 亿美元的专利费。

在 LTE(4G)的专利方面,华为、中兴、大唐电信的专利数排名分别为第三、第七和第十(见图 16-1)。

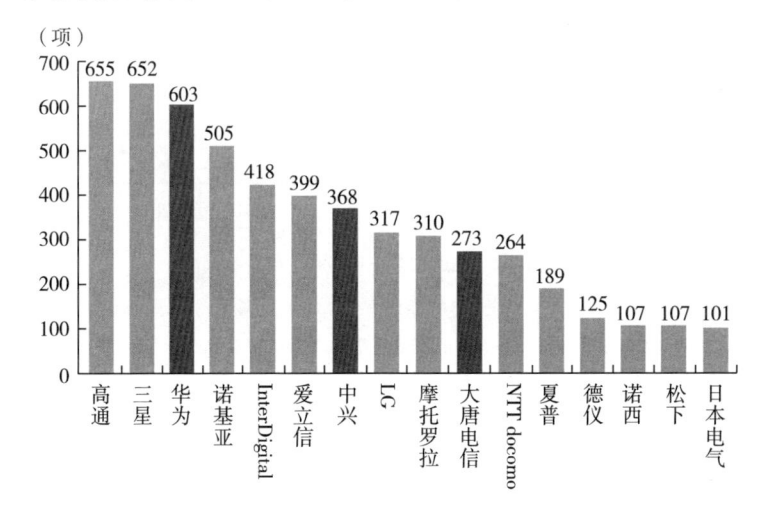

图 16-1 LTE(4G)专利数分布

数据(项):高通 655、三星 652、华为 603、诺基亚 505、InterDigital 418、爱立信 399、中兴 368、LG 317、摩托罗拉 310、大唐电信 273、NTT docomo 264、夏普 189、德仪 125、诺西 107、松下 107、日本电气 101

资料来源:智通财经网.天风:5G 朝阳红,再看龙头中兴 [EB/OL]. 2019-08-12. https://www.zhitongcaijing.com/content/detail/226937.html.

高通公司持有大量涉及 CDMA、GSM、WCDMA、TD-SCDMA 和 LTE 等无线通信技术标准的必要专利(SEP),这为高通每年贡献了 30% 的营业收入(2016 年为 81 亿美元)。

在目前,高通通常的做法是实行授权许可协议,对于在中国销售使用授权专利的 3G 设备、4G 设备,按照设备整机销售净价的 65% 的基础，分别收取 5% 和 3.5% 的专利费。[①] 按照这样的授权，2016 年高通公司从中国出售的通信终端里收取的专利收入就高达 46 亿美元。

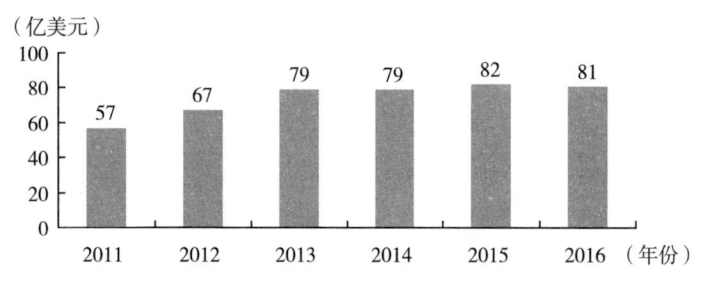

（亿美元）

年份	2011	2012	2013	2014	2015	2016
	57	67	79	79	82	81

图 16-2 高通公司各年专利授权费收入

资料来源：中国产业信息网.2017 年中国 5G 行业发展趋势预测分析 [EB/OL].2017-09-25. http://www.chyxx.com/industry/201709/567045.html.

根据高通公司介绍，它之前与华为签署了短期授权协议，华为每个季度将会向高通支付 1.5 亿美元的专利费用，而短期协议会在 2019 年 6 月底到期。在此之前的双方长期协议下，华为每个季度支付给高通的授权费为 1 亿美元。[②]

华为在通信领域的专利数量众多，特别是 5G，华为与高通进行交叉的专利授权，大大降低了核心授权专利费用。

[①] 蒋起东.高通试图捅破反垄断法那层纸：对魅族提起专利诉讼 [N].法治周末，2016-07-06.

[②] 新浪财经.华为正与高通谈判专利和解 现在每季度支付后者 10 亿元专利费 [EB/OL]. 2019-05-05. https://finance.sina.com.cn/stock/relnews/us/2019-05-05/doc-ihvhiqax6661605.shtml.

第六部分 以土地换和平

2016年初,华为为了拓展自己的主航道,也与爱立信签订协议,许可对方在全球范围内使用自身持有的标准专利技术。作为续签协议的一部分,华为将基于实际销售额向爱立信支付专利许可费。自2016年起,华为在未来五年内将向爱立信支付近30亿美元的专利许可费。

第17章 天下结盟

在任正非的"以土地换和平"思想指导下,华为开启了自己的盟友政策:第一,组建合资公司,双方对合资公司共同持股,以此进行战略联盟;第二,通过生产、研发、销售、专利等环节的合作,来实现契约式的战略联盟。

"以土地换和平,以市场换友商,以利益换伙伴,以价值链共荣"的战略合作思想,对于快速成长中的华为而言,最起码保证了该阶段的顺利发展。当然,任何一个竞争格局都不是一成不变的,当某些局部取得阶段胜利后,当初的盟友关系可能需要调整。

和而不同

华为在国际化市场的拓展中,很重视结盟的作用,尤其是在拓展陌生市场时,与本土企业共同创建合资企业,让华为能够快速赢得当地客户的认可,这比单打独斗要有效得多。对此,任正非坦言:

第六部分　以土地换和平

这些年，我们一直跟国际同行在诸多领域携手合作，通过合作取得共赢、分享成功，实现"和而不同"。和谐以共生共长，不同以相辅相成，这是东方古代的智慧。华为将建立广泛的利益共同体，长期合作，相互依存，共同发展。例如，我们跟其他公司合作成立合资企业，达到优势互补、互惠双赢，同时也为我们的资本运作积累了一些经验，培养了人才，开创了国际化合作新模式。

华为作为一个规模较小、技术追赶型的来自中国的企业，尽管善意十足地频频发出创建合资公司的意向，但是如日中天的欧美巨头，根本就不给华为任何机会。

在初期阶段，华为上门谈合作，四处碰壁。但有一些极速滑落的老企业，与华为面临共同的敌人，有意与华为合作，以此来提升竞争优势。

合资组建华为 3Com

在诸多老牌企业中，3Com 就是其中一个。作为一个老牌的美国公司，自从 1979 年 3Com 公司成立和创建以太网标准以来，公司的发明者和工程师团队共获得了 917 项美国专利。2001 年，3Com 公司在所有批准的美国专利排行榜上名列第 76 位，明显超过了其他主要网络竞争对手。然而，3Com 却被思科远远地抛在身后。

来自思科的挑战,让 3Com 不得不绝地反击。2001 年,为了尽快打破自身的竞争格局,3Com 表达了与华为合作的意向。在接触和沟通的过程中,双方拟订共同组建合资公司华为 3Com,以此来与思科正面竞争。

3Com 清楚,自家的技术和产品已经明显不可能与思科正面竞争。纵使有凌云壮志,但现实是技不如人,3Com 心有不甘,不过当华为出现时,3Com 的决策层似乎看到了希望。

3Com 决策层看好华为的原因,主要是华为拥有较多的数据通信领域的技术积累。

3Com 与华为的谈判异常顺利。2003 年 11 月,3Com 与华为达成协议,共同合资组建华为 3Com 公司。在华为 3Com 公司的持股比例上,华为持股 51%,3Com 持股 49%(见图 17-1)。

在合资公司华为 3Com 中,华为将自家的企业级数据通信业务打包注入华为 3Com;3Com 则是拿出 1.6 亿美元的现金,以及中国和日本的全部业务注入华为 3Com。

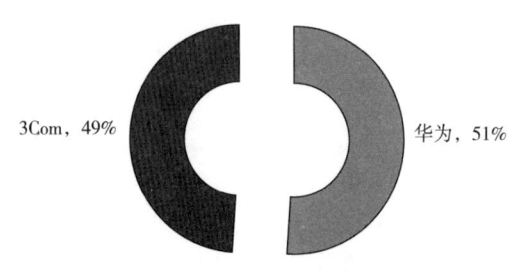

图 17-1 华为 3Com 的持股比例

组建合资公司对 3Com 和华为都有好处。一方面，3Com 可以凭借华为的研发力量收复曾经丢失的数据通信高端市场；另一方面，华为可以凭借 3Com 遍布全球的销售网络，销售自家产品。

华为 3Com 不负众望，很快就显现出强悍的竞争力。2005 年，华为 3Com 实现 4.34 亿美元的销售收入，比 2004 年增长了 66%。更让 3Com 欣慰的是，华为 3Com 在实现年度盈利的同时，在新增市场一举超越了思科，让华为和 3Com 看到了合作的前景。

华为 3Com 的胜利，直接打击了思科在中国市场的拓展。面对思科如此的败绩，约翰·钱伯斯恼怒不已。

合资式盟友

华为 3Com 的胜利，让华为探索出一套有利于市场拓展的"土地换和平"的竞争策略。这样的策略在很大程度上抑制了华为在海外市场拓展时遭遇的围攻。

诚然，任何一种模式的探索，都有其时代背景，华为在创建合资式盟友战略时也是一样的。华为与 3Com 洽谈组建合资公司华为 3Com 的同时，也在与西门子、北电等跨国企业洽谈组建相关的合资公司。

2003 年 8 月 29 日，华为与西门子达成战略协议，共同投资 1 亿美元组建鼎桥通信公司，以拓展 TD-SCDMA 市场。鼎桥通信公司的股权结构如图 17-2 所示，西门子持 51% 的股份，华为持 49% 的股份。

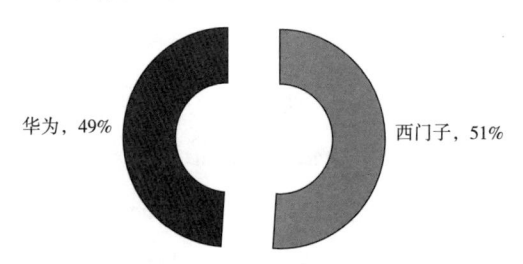

华为，49%　　　西门子，51%

图 17-2　鼎桥通信公司的持股比例

华为乐意与西门子组建合资公司，是因为华为此前的战略重心在 WCDMA 方面，导致 TD-SCDMA 的研发进度不如对手。此外，在三个通信标准中，TD-SCDMA 由中国政府主导。这就意味着，TD-SCDMA 的商业潜力十分巨大。在选择合作伙伴时，华为优先选择西门子，主要还是看中了西门子拥有雄厚的技术背景。在攻克 TD-SCDMA 研发上，华为凭借西门子的技术优势能够尽快地缩短 TD-SCDMA 产品的研发周期，同时还可以避免巨大的市场风险。

其后的事实证明了华为的战略逻辑是正确的，当中国移动 TD-SCDMA 系统设备招标时，鼎桥通信的作用终于发挥出来，助力华为成功竞标。

同一年，华为再次与西门子组建合资企业，共同研发 3G 手机芯片和手机平台，为华为手机日后的崛起打下了坚实的基础。

与对手共同组建合资公司，一方面可以降低其敌意，另一方面，还可以解决华为在产品研发中的弯路问题。2003年9月，华为与NEC、松下联合创建上海宇梦通信科技公司，共同研发3G手机。在该合资公司中，华为持股只有6%，其意图较为明显，就是通过合资公司的形式尽快弥补移动终端技术上的短板，提升自己的竞争力。

通过与对手组建合资公司，华为不仅补齐了自己的诸多短板，还与对手通过合资公司的形式达成战略意向。2006年4月，华为与北电网络达成组建合资公司的战略意向。任正非试图与北电网络CEO迈克·扎菲尔洛夫斯联手再写辉煌（扎菲尔洛夫斯曾担任摩托罗拉总裁兼首席运营官）。但是，由于同年6月华为成功并购港湾，港湾的业务与拟组建的合资公司产品重叠，同一时间北电网络的假账等危机事件爆发，组建合资公司的事情被迫搁浅。

2007年7月，华为与赛门铁克达成战略协议，共同组建华为赛门铁克，共同经营网络安全和存储领域，华为持股51%，赛门铁克持股49%（见图17-3）。

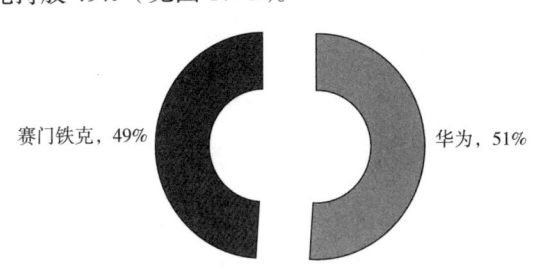

图17-3 华为赛门铁克的持股比例

在此次合作中，赛门铁克向华为赛门铁克注资 1.5 亿美元和部分企业存储与安全软件；华为向华为赛门铁克提供 750 多名高素质的技术人才，以及华为的电信领域的存储与网络安全业务。

2007 年 9 月，华为与全球海洋公司达成战略协议，组建华为海洋网络，拓展海底光纤工程市场。

从成立的众多合资公司，可以看出华为典型的合资模式：

华为将部分非核心业务剥离出来，以技术和产品入资，不投入现金，同时选择一家过去领先如今没落的欧美企业作为合资伙伴，对方投入现金作为启动资金；华为通过持有的多数股份或者投入的技术，掌控合资公司的主导权。这样，华为既节省下宝贵的资金用于发展核心业务，又不至于漏掉新兴市场的机会。

契约式战略联盟

在另外一些市场，由于华为的知名度较低，华为就曾与摩托罗拉达成战略协议，以贴牌的模式，通过摩托罗拉的品牌和渠道把华为的产品销售给欧美主流的运营商。直到 2011 年，诺基亚－西门子并购摩托罗拉电信网络资产，华为与摩托罗拉达成的盟友关系才宣告终结。

在韬光养晦的战略征程中，任正非通过"以土地换和平"

的方式,不仅赢得了华为发展的"和平"时间,同时由此成了电信设备市场的最大赢家。

如今的华为,与包括徕卡在内的许多公司建立了合作。自从华为 P9 手机搭载徕卡双镜头后,华为相继推出了搭载徕卡双摄像头的三款手机——P9、Mate 9、P10。

2017 年上半年,华为发布的 P10 手机就配备了新一代徕卡双摄像头,采用"2 000 万 +1 200 万"彩色双摄像头组合,除了像素提升外,还加入了光学防抖与双摄变焦。①

在此款手机中,还同时配备了定制版 800 万像素徕卡前置摄像头。根据画面人物数量自动切换单人自拍模式或广角群拍模式。

表现不俗的华为 P10 的拍照功能获得了国外机构的认可。华为官方表示,旗下的 P10 荣获 2017—2018 年度欧洲影音协会 EISA "最佳拍照智能手机奖"。

这是华为 P 系列手机连续第五年获得 EISA 奖项。EISA 首创于 1982 年,其全称是"欧洲影音协会",是欧洲消费电子领域最有威信的评选机构。由欧洲各地最知名影音、数码类媒体组成。该奖项每年评选一次,奖励那些集尖端技术、全面功能以及符合人体工程学等特色于一身的新型产品。

此外,在线下渠道的搭建上,华为也将寻求更多的合作

---

① 凤凰科技.连续 5 年! 华为 P10 获欧洲影音协会最佳拍照手机奖 [EB/OL]. 2017-08-15.http://tech.ifeng.com/a/20170816/44663555_0.shtml.

伙伴，华为还开设了数万家零售店，有些是与合作伙伴一起运营的。

在拓展美国市场时也是如此，余承东说道："美国将是我们下一个开拓的市场……这就需要华为有更好的产品，更好的创新，更好的合作伙伴。"

第18章　绝不做市场的破坏者

在本土市场拓展中，价格战被中国企业誉为"焦土政策"。当华为在拓展欧洲市场时，曾经几乎是屡试不爽的价格战却突然失去了作用。价格战无效的关键原因是，在成熟的市场，一切都源于规范和所建立的规则。

华为决策层认为，欧洲市场反馈的信息值得华为重视。华为在拓展国际市场时，也必须考虑国际化市场的口碑度和满意度，甚至也要考虑到竞争者的态度。

与友商共存双赢，不扰乱市场

在成熟的欧美市场，终极竞争的游戏规则，就是凭借自家提供的极致的产品和服务，而不是常规的价格战手段。在这样的市场，一味地通过成本优先的竞争模式，非但拿不到订单，相反还可能会被合作者拉入黑名单、被竞争者孤立，甚至被群起而攻之。

在国际化的早期阶段，华为在拓展发达国家市场时，也走了一些弯路。华为在拓展欧洲市场时，依旧是从被爱立信、诺基亚等跨国企业所忽略的鸡肋市场和小客户开始的。按照这样的市场策略，华为试图通过与一些小客户的接触与沟通，来发现尚未得到满足的市场需求，其后凭借最高的性价比赢得客户。例如，一家英国小型通信运营公司埃沃克斯（Evoxus），需要和大型的通信公司（如英国电信）竞争，埃沃克斯就迫切需要节约成本来降低服务的价格。对于这种小型公司来说，它们很难负担得起巨额的设备费用和售后服务成本。因此，华为找到这家公司，承诺提供价格更低的设备和免费升级服务。考虑到成本更低，而且产品功能和爱立信这些大型企业的产品类似，埃沃克斯最后选择了华为，也非常满意华为所提供的产品和服务。[①]

当华为回归正常的竞争策略时，之前战无不胜的低价策略就此终结。为此，任正非在内部讲话中多次明确说道："在海外市场拓展上，我们强调不打价格战，要与友商共存双赢，不扰乱市场，以免西方公司群起而攻之。面对当前的形势，面对竞争对手，要做一个国际市场秩序的维护者，而不是一个破坏者。"

任正非的态度非常明确，华为必须放弃低价这一"撒手锏"，让"价值共享"和"利益均沾"主导华为的海外市场拓展。任正非在内部讲话中谈道："我们要通过自己的努力，通过提供高质量的产品和优质的服务来获取客户认可，不能由于我

[①] 吴晓波,[德] 约翰·彼得·穆尔曼, 黄灿, 郭斌等. 华为管理变革 [M]. 北京: 中信出版社, 2017.

第六部分 以土地换和平

们的一点点销售来损害整个行业的利润,我们绝不能做市场规则的破坏者。通信行业是一个投资类市场,仅靠短期的机会主义行为是不可能被客户接纳的。因此,我们拒绝机会主义,坚持面向目标市场,持之以恒地开拓市场,自始至终地加强我们的营销网络、服务网络及队伍建设。"

在"价值共享"和"利益均沾"指导思想下,新型的拓展策略开始让华为赢得尊重。例如,在俄罗斯市场,华为顺利地赢得Skylink(卫星服务提供商)的CDMA450设备的订单,此次华为的报价比"友商"阿尔卡特高出一倍。

华为在其后的投标中,报价已经略高于同行。即使在2004年和2005年英国电信的设备招标中,在传输设备的报价上,华为依旧比阿尔卡特高;在数据通信的报价上,华为与思科持平;一些设备的报价,甚至比最低报价者高出一倍。此外,在马来西亚、荷兰的3G招标中,华为依旧以较高的报价赢得了合同。

众所周知,华为在欧洲等发达国家市场的成功,主要得益于两大架构式的颠覆性产品创新:一个叫分布式基站,一个叫SingleRAN(一体化基站建网理念和解决方案),后者被沃达丰的技术专家称作"很性感的技术发明"。

该颠覆性产品的设计原理,是指在一个机柜内实现2G、3G、4G三种无线通信制式的融合功能,至少从理论上可以帮客户减少50%的建设成本。

当该产品成功后,其竞争对手也企图对此进行模仿创新,但是至今未有实质性突破，因为这种多制式的技术融合，背后有着复杂无比的数学运算，并非简单的积木拼装。

正是这样一个革命性、颠覆性的产品，给华为拓展欧洲市场，特别是全球市场打下了坚实的基础。在欧洲市场，爱立信的价格最高，华为产品的平均价低于爱立信5%，高于阿尔卡特－朗讯、诺基亚－西门子5%~8%。

2012—2013年，欧盟贸易专员对华为发起所谓反倾销、反补贴调查时，华为在欧洲市场的竞争对手，包括爱立信、阿尔卡特－朗讯、诺基亚－西门子等企业全部为华为背书，坚称华为没有低价倾销。

在任正非看来，华为拓展国际市场，不一定要跟西方国家的电信运营商进行零和游戏，可以换一个思路，当华为成为这些跨国企业的供应商时，这样的战略就使得跨国企业容易接受多了。

对于电信运营商来说，当华为拓展国际市场时，意味着打破了老牌电信设备提供商的垄断，无疑给电信运营商在采购设备时增加了自身的谈判筹码。为此，任正非坦言："在某些时候，国际电信运营商适当推出华为这家后起之秀，高调发布与华为合作的消息，一定程度上是向那些老牌电信设备制造商发出这样一个信号——'不要再向我们耍横，在遥远的中国，已经有了一家可以替代你们的合作伙伴，再让我不高兴，我们可以把你们从我们的供应商名单中去掉'。"

第六部分　以土地换和平

尽管如此，任正非非常清楚，与老牌电信设备提供商搞好市场关系，依旧很重要。因此，在拓展欧洲电信市场时，华为一开始仅仅与当地小型电信运营商展开"战略合作"。

任正非说道："在行业市场里，我们要保持合理的利润水平，不能破坏行业价值。我们搞了二十几年才刚刚明白电信运营商需求大概的样子。那我们奋斗了25年还没有理解一个客户，你们企业网搞了这么多客户怎么理解它？我们理解不了，就要把理解客户需求的成本加到这个客户身上去。所以你要把价格卖贵一点，为什么卖那么便宜呢？你把东西卖这么便宜是在捣乱这个世界，是在破坏市场规则。西方公司也要活下来啊，你以为摧毁了西方公司你就安全了？我们把这个价格提高了，那么其他国际企业就会说，华为做了很多买卖，对我们价格没有威胁，就允许它活下来吧。"

"龟兔赛跑"比的不是速度，而是耐力

华为的国际化战略一直拒绝机会主义。1995年，任正非决定拓展国际化市场后，就着手制定了一系列打开国际化市场的战略方针。

在任正非看来，国际化经营就需要长期投入，绝不可以有"捞一把就撤"的思维。因此，任正非在拓展国际化市场时就告诫华为人一定要拒绝机会主义，必须踏实肯干、艰苦耐劳。

华为国际化

任正非在《华为与对手做朋友：海外不打价格战》一文中谈道：

20世纪90年代，日本、德国走向衰落，美国开始强盛。主要附加值的利润产生在销售网络的构造中，销售网络的核心就是产品的研发与IPR。因此，未来的企业之争、国家之争就是IPR之争，没有核心IPR的国家，永远不会成为工业强国。

经济的全球化不可避免。华为的愿景就是不断通过自己的存在，来丰富人们的沟通、生活与经济发展，这也是华为作为一个企业存在的社会价值，我们可以丰富人们的沟通和生活，也能不断促进经济的发展。华为不可能回避全球化，也不可能有寻求保护的狭隘的民族主义心态。因此，华为从一开始创建就呈全开放的心态。在与西方公司的竞争中，华为学会了竞争，学会了技术与管理的进步。

华为已经有5 000多项专利，每天我们产生3项专利，但我们还没有一项应用型的基本专利。一项应用型基本专利从形成到产生价值大约需要7~10年。1958年上海邮电一所就提出了蜂窝无线通信，就是手机等一切通信技术基础的基础，也没有申请专利。那时连收音机都没普及，谁还会想到这个东西会普及全世界？所以国家科技要走向繁荣必须理解不被人理解的专家和科学家。我们主张国家拨款不要向我们这种企业倾斜，多给那些基础研究所和大学，搞应用科学的人要靠自己赚钱来养活自己。基础研究是国家的财富，基础研究不是每一个企业都能享受的。全球化是不可避免的，我们要勇敢开放自己，不要把自己封闭起来，要积极与西方竞争，在竞争中学会管理。我们从来没提过我们是民族工业，因为我们是全球化的。如果我们把门关起来，靠自己生存，一旦开放，我们将一触即溃；同时我们努力用自己的产品支持全球化的实现。

在任正非看来，华为作为一个技术型企业，必须通过技术优势打开国际市场的大门。而要想赢得国际市场，就必须摒弃投机取巧的营销方式。在拓展国际化市场前，任正非都会要求被派驻到海外的华为人，在技术和生产问题上，力争做到精益求精，不能有丝毫松懈。

任正非深知，在华为刚开始拓展国际化市场时，由于自身的品牌传播度很低，订单自然就很少，销售额增长也较为缓慢，任正非甚至将其比喻为"乌龟精神"：

古时候有个寓言，兔子和乌龟赛跑，兔子因为有先天优势，跑得快，不时在中间喝个下午茶啊，在草地上小憩一会儿啊，结果让乌龟超过去了。

华为就是一只大乌龟，25年来，爬呀爬，全然没看见路两旁的鲜花，忘了经济这20多年来一直在爬坡，许多人都成了富裕的阶层，而我们还在持续艰苦奋斗。爬呀爬……

华为国际化

一抬头看见前面矗立着"龙飞船",跑着"特斯拉"那种神一样的乌龟,我们还在笨拙地爬呀爬,能追过它们吗?

我们要持续不懈地努力奋斗。乌龟精神被寓言赋予了持续努力的精神,华为的这种乌龟精神不能变,我也借用这种精神来说明华为人奋斗的理性。我们不需要热血沸腾,因为它不能点燃为基站供电。我们需要的是热烈而镇定的情绪,紧张而有秩序的工作,一切要以创造价值为基础。

任正非用这个故事告诫华为人,"龟兔赛跑"其实比的并不是真正的速度,而是竞争的韧性和耐力。在国际化市场的开拓上也是如此。回顾华为的海外市场拓展,华为通过持续不断地投入大量人力和物力,让海外消费者慢慢地了解和熟悉,其后接受华为的相关产品。让当地的消费者对华为的产品能够产生百分之百的信赖,和华为建立长期合作的战略伙伴关系,这样,市场才算真正地打开了。[①]

[①] 孙力科.任正非:管理的真相[M].北京:企业管理出版社,2014.

第七部分　再造华为

第19章　继往开来

在"以土地换和平"的战略指导下,华为的营业收入持续增加。

此刻的华为依旧在寻找国际化的突破点。首先,任正非与华为过于低调,招致一些媒体的误读。其次,虽然保持较高速度的发展,但是要想登顶,仍有一段艰难的路需要走。最后,华为与合作者共赢才能保证自身的生存和发展。鉴于此,华为开始了自己的再造之路。

回答媒体的质疑

在华为 2011 年的营收中,按照地域划分,国内销售收入达 655.7 亿元,同比增长 5.5%;海外销售收入达 1 384 亿元,同比增长 14.9%。

任正非虽然曾提出"以土地换和平",但是外媒的焦虑却依旧没有减少。创刊于 1843 年的英国《经济学人》称华为是"欧美跨国公司的灾难";美国《时代》杂志称华为是"所有电信产业巨头最危险的竞争对手";爱立信前全球总裁卫翰思说"它是我们最尊敬的敌人";约翰·钱伯斯在回答《华尔街日报》提问时也曾坦言"我就知道我们最强的对手一定来自中国"。

改变外界尤其是海外媒体对华为的偏见迫在眉睫。任正非与华为管理层开始主动拥抱媒体,积极地、主动地接受媒体的采访,让媒体和那些带有偏见的人群了解真实的华为。

任正非放弃之前不愿意接受媒体采访的做法,开始面对媒体。2013年5月10日,任正非在新西兰惠灵顿博物馆酒店接受了当地四家媒体的集体采访。在采访中,任正非谈到了媒体关心的网络安全问题。"美国网络过去、现在以及未来是否安全,与华为没有任何关系,"任正非说道,"华为在美国的网络存量几乎为零,我们没有卖任何关键设备给美国主流运营商,也从未卖设备给美国政府部门。这些机构将来也不会是我们关注的客户群。"

任正非的对外发声,一方面回答了自从创建华为以来,由于避开与媒体的接触而引发的舆论批评,另一方面又向外界回答了有关"华为不够透明"等诸多受质疑的问题。

在任正非看来,华为拓展海外市场的急迫性是较为强烈的,对此,华为也在积极地提高自身的透明度。聘请世界知名的会计师事务所审计,发布华为业绩年报,公布董事会成员名单,让高管与媒体举行圆桌会议,等等。

华为进行的种种举措,都说明华为正在积极地与外界进行有效沟通。2012年，任正非特地参加了两个论坛：2月，参加布鲁塞尔"欧洲竞争论坛"；6月，参加圣彼得堡国际经济论坛。

为此，费尔法克斯传媒集团旗下的媒体《费尔法克斯新西兰》对任正非的首次媒体见面会进行了采访报道，采访时间长达90分钟。

任正非选择接受新西兰媒体的采访，一个非常重要的原因是，新西兰市场的大门向华为敞开。据《费尔法克斯新西兰》报道，任正非很感谢新西兰当地运营商和新西兰政府给予华为的机会，华为非常看重新西兰市场。虽然新西兰市场不大，甚至可以说还很小，但是华为看中了新西兰政府欢迎华为的态度。

自2005年华为拓展新西兰市场以来，也在当地积极实行本土化，雇用数百名本地员工。在2010—2012年，华为对新西兰直接投资额高达1.39亿新西兰元。

在新西兰接受媒体采访期间，任正非会见了新西兰反对党——工党党魁大卫·希勒，以及新西兰通信部部长艾米·亚当斯。任正非对亚当斯说，新西兰不应该对网络安全有过多担忧。"我们就好比是铺设管道。我们的管道承载了数据和信息交通，如果是管道中的水被污染了，我想不应该去责备管道。"

点燃达沃斯

为了让世界了解真实的华为，华为创始人任正非开始接受媒体的采访。他破天荒地出席了2015年的达沃斯世界经济论坛，并接受了BBC（英国广播公司）主持人琳达·岳的采访，此举意在化解来自某些国家的敌意。

在此次专访中，任正非回答了创业经历，家庭背景，以及华为的业务增长，甚至"网络安全"和"窃听信息"等敏感话题。

此外，任正非还在专访中解释了自己之前不接受媒体采访的原因，任正非称，不接受媒体采访并不是为了神秘，而是"并不像大家想象的什么都有"，加上自己"不懂技术，不懂财务，也不懂管理"，由此才不便于"抛头露面"。

在任正非接受了BBC主持人的专访后，又接受了十多位中国媒体记者的采访，同时也回答了媒体记者关心的更多问题。

"我不是觉得我了不起才不见媒体，我是怕你们。"2015年1月22日，任正非在接受十多家媒体采访时直言，自己率先接受外国媒体采访，是希望外国媒体多了解一下华为，"别那么死死打压，华为也很难"。在任正非看来，相比国外媒体，中国媒体了解华为的渠道更多。在回答记者们的采访时，任正非深入地谈及了华为面临的风险与机会。

其后，任正非在法国巴黎、英国伦敦、中国深圳数次接受媒体的采访。每次在接受媒体采访时，任正非都以其特有的坦率态度试图向世界，尤其是欧洲和美国展示一个透明开放的、真实的华为。任正非出席达沃斯世界经济论坛时更是如此，特

第七部分 再造华为

别是当任正非站在全球瞩目的舞台中心时,以一种前所未有的低调,甚至以近乎谦卑的姿态,向世界介绍自己及身后的华为。虽然这不是其惯有的行事风格,但是为了更好地拓展国际化市场,让世界了解任正非自己和华为,不管愿不愿意、甘不甘心,都是必须要做的事情。

此刻的任正非,不得不采取隐忍策略。在中国,真正地想把企业做强做大,低调做事就是一件非常必要的事情,或许这是媒体评价任正非是最神秘、最低调的企业领导人的原因。

与诸多中国企业家经常在电视上传经论道且个性张扬相比,任正非选择了默默无闻。自从1987年创立华为以来,任正非几乎不出席行业活动、颁奖典礼,甚至极少在公开场合露面。

这样低调的行事风格,在中国市场问题不大,但是华为作为一个名副其实的跨国企业,海外的营业收入超过50%,尤其是任正非曾经的军人经历,让海外媒体以自身的偏好报道其拥有"军方背景""与安全部门有关"等。当华为在国际上越来越强大时,有关任正非背景的各种猜测就越喧嚣。外界的这种猜测甚至引发了美国国会在2012年对华为的深度调查,并将华为阻挡在美国主流市场之外。

面对这样的困局,作为创始人的任正非必须打破之前的低调,接受媒体的采访,向外媒传递一个真实的华为。华为高层在接受媒体采访时坦言,早在2010年以前,华为就已经通过了美国最大的电信运营商——AT&T(美国电话电报公司)的认证。按照惯例,华为成为 AT&T 的 4G 设备的供应商是板上钉钉的事情,结果却事与愿违。

正是这次事件让任正非产生警醒,华为由此逐渐地开放了与媒体沟通的界面。

第20章　共生生态

在如今的全球化时代，一个巨型企业要想基业长青和永续经营，就必须与诸多合作者建立共生的生态圈。

正因为坚持该战略，华为续写了辉煌的神话，成为全球最大的通信设备供应商之一，当华为登顶后，过去的管理方式和战略导向已经面临考验。鉴于此，任正非在内部讲话中提出了共生共赢战略。

建立共生的价值生态系统

2014年，华为的业务范围覆盖170个国家的全球性通信设备企业，从行业"追随者"变成数一数二的"领导者"。此刻，任正非其实并不愿意站在居高临下的位置讲述华为和自己。

不管愿不愿意，世界在变化，华为也在变化，任正非也就不得不接受改变。为了华为生存和发展的需要、团队的要求，作为华为象征人物的任正非就这样从幕后被推到台前，以西方开放透明的方式来介绍华为，为华为在全球化的过程中扫除诸多不必要的障碍。

尽管任正非没有发表外交辞令式的演讲，但是任正非的每次露面，都透露了有关自己和华为太多的信息，这些信息已经让媒体和合作者了解到真实的华为。

任正非和华为有这样的转型，是因为任正非意在构建一个良性循环的共生的生态系统。这与华为自身的战略有关，经过多年的厉兵秣马，华为的小步快跑的国际化战略再次发挥出巨大的战略作用。华为在2014年2月超越竞争对手爱立信。

2014年2月，爱立信发布2013年全年及第四季度财报。该财报显示：爱立信2013年净销售额2 274亿瑞典克朗（约合353亿美元），与2012年持平；净利润122亿瑞典克朗（约合18.6亿美元），同比增长105%。

2014年3月31日，华为公布了经审计的2013年财报。该财报显示，2013财年华为实现销售收入2 390亿元（约合395亿美元），同比增长8.5%；净利润为210亿元（约合34.7亿美元），同比增长34.4%。

这说明曾经的霸主爱立信只能黯然退位，尽管沮丧万分，但是爱立信也必须接受无情的现实。

在史诗般的传奇中，华为就是那匹黑马，尤其是华为荣升为全球最大电信设备商之一后，意味着一个新纪元的来临。

当我们对比华为、爱立信、思科、阿尔卡特－朗讯、诺基亚－西门子、中兴通讯六个企业2013年的销售收入后发现，华为 395 亿美元的销售收入仅次于跨国企业思科的 486 亿美元。此外，华为在 2013 年取得的利润也较高，仅次于思科的 100 亿美元。

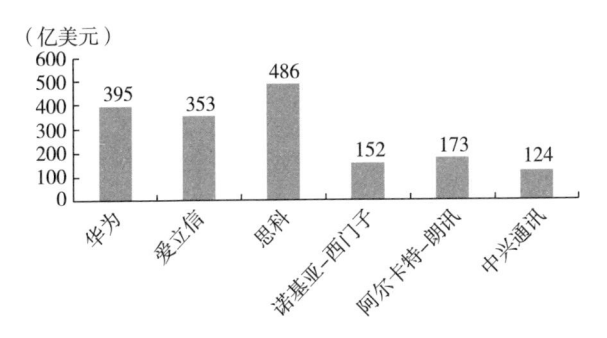

图 20-1　世界六大通信企业 2013 年的销售收入

资料来源：康钊.华为 2013 年业绩详情：销售收入首超爱立信 [EB/OL]. 2014-03-31 .https://tech.sina.com.cn/t/2014-03-31/11159285956.shtml.

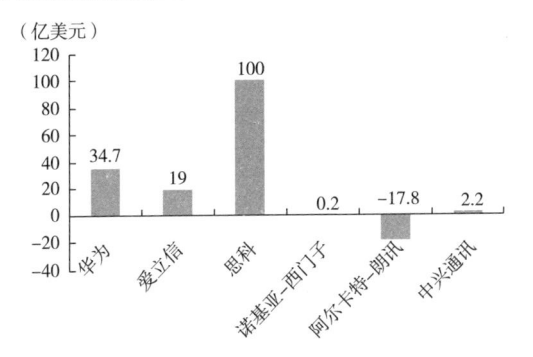

图 20-2　世界六大通信企业 2013 年的利润

资料来源：康钊.华为 2013 年业绩详情：销售收入首超爱立信 [EB/OL]. 2014-03-31 .https://tech.sina.com.cn/t/2014-03-31/11159285956.shtml.

华为在追求行业领导地位的同时，也在竭力地与供应商、其他合作伙伴和竞争对手建立共生的价值生态系统。具体的做法就是利用外部资源，努力为整个行业价值链创造最大化的价值。[①]

和强者要有竞争也要有合作

曾几何时，弱小的华为被思科定点阻击，止步于美国市场。经过几年的发展，实力已经有了明显变化的华为，是否会跟思科一样想要称霸世界呢？

面对这个棘手的战略问题，任正非的做法与约翰·钱伯斯有天壤之别。在一次高级干部会议上，任正非说道："任何强者都是在均衡中产生的。我们可以强大到不能再强大，但是如果一个朋友都没有，我们能维持下去吗？显然不能。华为如果想独自称霸世界，最终也要灭亡的。我们为什么不把大家团结起来，和强手合作呢？我们不要有狭隘的观点，想着去消灭谁。我们和强者，要有竞争也要有合作，只要有益于我们就行了。"

之前，当思科以知识产权的名义起诉华为时，这对于疾驰在高速发展路上的华为来说，无疑是一场极具灾难性的危机。要想扭转这场危机，华为必须主动地、积极地与所在国政府和竞争者沟通，在这个过程中，任正非学到了更多的东西，也开阔了视野，同时也懂得了在华为国际化的过程中，如何与竞争者相处。

任正非明白，走向世界，必须要有竞争，同时也要有合作，

---

① 吴晓波,[德]约翰·彼得·穆尔曼,黄灿,郭斌等.华为管理变革[M].北京：中信出版社，2017.

第七部分　再造华为

只有这样才能被世界接受，一旦企图独霸世界，那么先倒下来的就不是竞争对手，而是自己。当"华为的七成营业收入来自海外，全球有三分之一人口在使用华为服务"时，一位中国政府部门的领导问任正非："华为进入国际市场有些什么经验，能否向别的企业介绍一下？"

任正非答道："就是遵守法律。一定要遵守所在国的法律、联合国的法律……同时视美国国内法为国际法，因为美国太强大了，它可以依美国国内法，在任何地方打击你。由于目前法制不健全，一些中国企业没有形成严格的管理。它们以为在国际市场上也可以如鱼得水，结果使自己陷入苦难。"

任正非的回答尽管很直接，但是却隐藏着一个难言的痛楚，在美国，思科就以独霸世界的思维打击华为在美国市场的拓展。为了吸取教训，任正非告诫公司高层："不能让对手为华为下定论。商局是活的，怕的是指挥者的头脑是僵化的。华为要想不被别人定义为'神秘的黑寡妇'和'鲁莽的角斗士'，就得全面走向开放，尽管华为自认为过去是开放的，正因为走了开放之路才有了发展，但别人仍然指责你'封闭''另类'，说明华为的开放还是不充分的，所以，华为还要更加开放。"

任正非为此打了一个比方："人家热情邀请你去做客，结果你却到人家客厅穿拖鞋，挠脚丫子，那一定会引起主人的厌恶和排斥，华为绝不做这样的无礼者，我们要以更开放的姿态向人家证明：华为是按照国际规则做事的。"

第 21 章 技术领先

华为在全球通信企业中能够一枝独秀,除了给客户提供极致的服务外,一个关键的因素就是华为领先对手的技术。

为了保证华为的技术领先,华为在专利技术和前沿技术的研究上投入巨资,仅仅在 2015 年,华为的研发费用就高达 596 亿元。回顾华为的发展之路,巨额的研发费用始终是华为成功的保证。

专利大户

任正非深知,华为要想在国际化市场,尤其是欧美市场立足,就必须加大技术创新投入——巨额的资金和人才,否则,不是被对手击败,就是自己被淘汰。

根据华为方面的数据,截至 2015 年底,华为累计已授权专利 30 924 件,美国授权专利 5 052 件,欧洲各国累计授权专利达 11 474 件。

想要成为"专利大户",这可不容易。为此,任正非在 2016

年的内部讲话中说道:"华为坚定不移28年只对准通信领域这个'城墙口'冲锋。我们成长起来后,坚持只做一件事,在一个方面做大。华为只有几十人的时候就对着一个'城墙口'进攻,几百人、几万人的时候也是对着这个'城墙口'进攻,现在十几万人还是对着这个'城墙口'冲锋。密集炮火,饱和攻击。每年以1 000多亿元的'弹药量'炮轰这个'城墙口',研发近600亿元,市场服务500亿~600亿元,最终在大数据传送上我们领先了世界。引领世界后,我们倡导建立世界大秩序,建立一个开放、共赢的架构,有利于世界成千上万家企业一同建设信息社会。"[1]

华为的研发创新战略,只是中国企业的一个缩影,与中国的国家创新战略遥相呼应。《2006—2010建设创新型国家白皮书》报告称,2006—2020年将是中国进入创新型国家的战略机遇期,由此为全面建设小康社会提供强有力的支撑。这15年,将横跨三个"五年规划期",真正通过转型与创新发展,从初步纳入科学发展的轨道到全面纳入科学发展的轨道。[2]

在国家创新战略的引领下,专注研发和申请专利的企业越来越多,甚至连中国芯片的专利也在迅速增长。法国Questel(知识

---

[1] 赵东辉,李斌,刘诗平,蔡国兆,彭勇,何雨欣.对话任正非:28年只对准一个城墙口冲锋[N].新华社,2016-05-09.

[2] 建设创新型国家战略推进委员会.2006—2010建设创新型国家白皮书[EB/OL].2011.http://www.cxzg.org/lilun/2011/0826/1246.html.

产权解决方案提供商）亚太区咨询部发布的《芯片行业专利分析及专利组合质量评估》报告显示，中国近十年芯片专利增长惊人，已成为芯片专利申请数量的第一大国。

中国专利数量的增加意味着投入的加大。根据《福布斯》杂志的数据，2015年华为的研发投入为92亿美元，占全年营业收入的比例高达14.2%。相比苹果2015财年的研发支出的85亿美元，华为还要多7亿美元，苹果的研发支出仅占其2 330亿美元营业收入的3.5%。

根据欧盟委员会2016年12月底发布的"2016全球企业研发投入排行榜"，华为以83.58亿欧元研发投入位居中国第一、世界第八（见表21-1）。

表21-1 2016全球企业研发投入排行榜前十位

企业研发投入排名	公司	总部	研发费用（亿欧元）
1	大众	德国	136.12
2	三星	韩国	125.28
3	英特尔	美国	111.4
4	Alphabet（谷歌母公司）	美国	110.54
5	微软	美国	110.11
6	诺华	瑞士	90.2
7	罗氏	瑞士	86.4
8	华为	中国	83.58
9	强生	美国	83.09
10	丰田	日本	80.47

资料来源：2016全球企业研发投入排行榜[J].工程机械文摘，2016（6）:3.

第七部分 再造华为

在表 21-1 中，华为在研发创新上的投入位居世界第八位，这样的投入印证了任正非的观点："我们要舍得打炮弹，把山头打下来，下面的矿藏就都是你的了。在功放上要敢于用陶瓷芯片，要敢于投资，为未来做准备。我们公司的优势是数理逻辑，在物理领域没有优势，因此不要去研究材料。我们要积极地合作，应用超前技术，但不要超前太多。我们要用现代化的方法做现代化的东西，敢于抢占制高点。"

任正非之所以这样舍得投入，是因为集中在电信领域的研发可确保其大规模基础设施供应商的领先地位。除华为外，中兴的研发投入也成绩斐然。中兴 2015 年的年报显示，中兴通讯在 2015 年的研发投入为 122.01 亿元，占收入比例的 12.2%，同比上升 35.4%，主要是加大了 5G、高端路由器、LTE、核心芯片等产品的研发投入。尤其是在 2015 年，中兴通讯加大对芯片等核心上游技术领域的布局，通过立足管道、拓展终端，布局大数据、云、物联网和可穿戴市场，中兴微电子已建立起全方位竞争优势，并在 2015 年跻身国内行业前三。在高端路由器芯片领域，中兴微电子实现软件和核心芯片全面自主研发，成为全球范围量产高端路由器芯片的极少数企业之一。[①]

很多企业常常把"创新"挂在嘴边，有的企业装模作样地将其写进企业的纲领里，但是真正要落到实处时，尤其是持续

[①] 陈姝．中兴通讯上年营收超千亿 营收和利润增幅均超两成，研发投入占比达 12.2%［N］．深圳商报，2016-04-07．

地投入真金白银用于创新时，很多企业就开始打退堂鼓了，也就是敢于投入搞创新的企业少之又少。

事实证明，要想基业长青和永续经营，就必须拥有核心竞争力以及自主创新产品。一般来说，企业的竞争力包含创新动力、创新能力、创新意识三个方面。遗憾的是，中国多数企业不但缺乏科研技术实力和新产品开发能力，而且企业老板还缺乏创新意识。

根据国家统计局的问卷调查数据，2015年上半年，竟然有85.9%的中小微企业在年内没有任何创新活动。即使在有创新活动的企业中，创新资金投入占总收入的比重在10%及以下的企业多达72.3%，其中，占比在1%及以下的企业达到28%；创新资金投入同比增加的企业比重为43.5%，比2014年下降4.6个百分点。此外，中小微企业在营销手段方面的创新明显滞后，仅15.6%的企业开展了电子商务营销。[①] 相比之下，华为之所以能够取得今天的全球化规模，既是华为多年拓展的结果，也是华为不计创新投入支持所应得的回报。

技术领跑

在很多企业家论坛上，一些中国企业家很少谈及企业的研

---

① 文眼. 研发投入对创新创业有超常作用[N]. 上海证券报，2015-12-11.

第七部分　再造华为

发投入，他们最擅长的、谈论最多的就是营销。在他们看来，在中国当下，巨额的研发投入简直就是浪费。

一旦遭遇困境，这部分企业家首先想到的是压缩研发投入，曾经制定的整个战略规划也因此被打乱。与这些企业迥然不同的是，华为的研发投入比例在逐年提高。

这为华为成为一个拥有无数尖端科技的企业打下基础。例如麒麟芯片的成功研制，在一定程度上缓解了华为"缺芯少魂"的尴尬局面。目前，麒麟芯片已应用在华为的高端手机中，其性能处于行业领先。

截至2015年12月，麒麟芯片累计发货量超过5 000万颗。华为能够取得这样的业绩其中的艰辛少有人知道。我们查阅资料得知，华为为此耗费的人力、财力很是惊人。从1991年成立ASIC（专用集成电路）设计中心开始，到麒麟910开始规模商用，华为足足等了20多年。

在面向未来的研究和创新上，华为始终坚持加大投入。在2008华为就明确了加大研发的力度："华为坚持以不少于销售收入10%的费用投入研究开发，并将研发投入的10%用于前沿技术、核心技术及基础技术的研究。我们在全球设立了14个研究所，这使我们可以充分利用全球优秀人才与技术资源平台，构筑华为强大的研发优势。"

根据华为官方网站的统计资料，2006—2015年的10年间，华为的研发投入累计超过2 400亿元。2006年，华为的研发投入仅为 68 亿元，此后每年保持阶梯式增长（见图 21-1）。

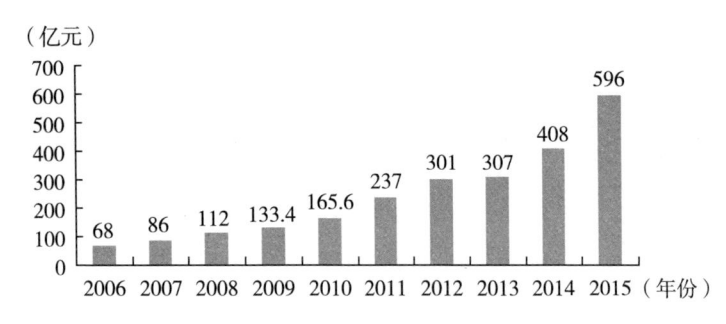

```
（亿元）
700                                                      596
600
500                                              408
400                              301   307
300                      237
200         112  133.4  165.6
100   68  86
  0
    2006 2007 2008 2009 2010 2011 2012 2013 2014 2015（年份）
```

图 21-1　2006—2015 年华为的研发投入

资料来源：华为 2006—2015 年财报。

此外，华为在世界范围内创建了 16 个全球研发中心，研发人员多达 7.9 万人，占公司总人数的 45%。这样的比例在世界科技公司中是非常高的。

华为如此大的研发投入，也取得了期望的回报。仅仅在专利申请上，华为就收获不小。华为官网介绍，华为累计申请了 52 550 件国内专利和 30 613 件外国专利，专利申请总量位居全球第一。

第22章 文化遵从

华为能够实现自己的全球化扩张，一个重要的原因是华为的核心特征——文化遵从。为了能够有效地实现华为的跨文化管理，华为专门设置了一个道德遵从委员会（OEC），其主要职能就是引导和规范华为员工从语言、习俗、宗教乃至于生活习惯等方面主动适应和融入所在国家或地区。

任正非表示，道德遵从委员会不是一个政治组织，无论在国内、国外，都不要去过问政治。我们是理工科出身，不懂政治，不要从互联网听来一星半点的内容，一知半解，就去指点江山、激扬文字，这样可能会误导社会。我们要内、外合规，不允许任何人在国内、国外参与非法活动。

始终把跨文化提升到重要的位置

作为创始人，任正非很清楚，接受海外媒体采访时，一方面要介绍华为拓展国际化市场的成功经验，另一方面也要介绍华为的真实战略意图。究其原因是，对于中国企业国际化来说，必须重视跨文化差异,这是有效实现国际化跨文化管理的关键。

跨文化管理又称为"交叉文化管理",即在全球化经营中,母公司对子公司所在国的文化通过包容的管理方法,承认并理解各国之间文化差异的客观存在,识别这些文化差异点,并据以创造出企业独特的文化,从而形成卓有成效的管理方法。

在华为的国际化战略中,华为始终把跨文化提升到重要的位置,华为员工在出国前都会接受相关的跨文化培训,比如,文化之间的差异,以及相关产品等课程。这样的培训将大大降低华为员工在异地由于另一种文化、价值观、宗教和生活习惯带来的不适感。

在华为早期的国际化阶段,作为华为先遣部队,那时无疑是最困难的。据这部分员工回忆说,他们遇到了在中国本土没有想象到的诸多问题,最主要的就是所在国的合作者对中国的不了解。

从巴西回国的国际营销部员工周道平深有感触地说道:"你真的难以想象他们是怎么看中国的。他们甚至以为中国人还在穿长袍马褂呢。有一次我们邀请客户来中国参观,他们出发之前到处找相关书籍,最后决定研读的书是《末代皇帝》!"

这样一个例子足以说明,由于历史的原因,中国给外国人的印象依旧停留在旧时代,加上外国媒体总是选择性地报道中国,或许这就是中国企业走出去相对较难的一个原因。

巨大的文化鸿沟无疑造成了国度之间的理解和信任上的误

区。这种文化间的不理解,也使得国际上很多电信运营商更加不相信中国能生产交换机产品。

李杰在接受媒体采访时坦言:"我们驻扎在那里的员工刚开始工作是很艰难的,当地的人首先要花费两年的时间来认识中国,其次再花一两年的时间来认识华为,再次还要花一两年的时间来认识华为的产品,最后才可能答应让我们去参加竞标。"

李杰坦言,在国际市场的开拓中有很多困难,特别是一些无法想象的行规,需要华为人逐步摸索。比如,当华为人向英国电信推荐产品时,英国电信的高层不相信中国人能制造出高质量的交换机。

在这样不对等的对话中,英国电信甚至连一个招标的机会都没有给华为。经过几年的努力沟通,华为人终于清楚了英国电信的合作条件——参加投标之前,必须先通过英国电信的认证,英国电信的招标对象都是自己掌握的短名单里的成员。

后来华为启动了申请英国电信的认证。李杰在接受媒体采访时直言:"刚开始的时候,英国电信看都不看华为一眼,我们花费了三年时间,经过种种努力,最终进入了英国电信的短名单之列。在这个过程中,我们更深刻地理解了品牌国际化的含义。"

在国际化的路径中,时任华为新闻发言人的傅军曾把华为的品牌国际化过程分为三个阶段:展览造势阶段,全面"外交"阶段和接受"检阅"阶段。

中国企业国际化的难题不是管理，而是文化整合

中国企业在国际化过程中，尤其是通过跨国并购实现国际化的过程中困难重重，遭遇的阻力难以想象，甚至是全方位的，其中有地缘政治的因素，有市场竞争的因素，更有本土文化的因素。

在跨国并购的过程中，有不少成功的案例：联想收购IBM个人计算机业务，联想收购IBM低端服务器，联想并购摩托罗拉，吉利并购沃尔沃，三一重工收购普茨迈斯特……

然而，在成功并购的背后，还有一大批中国企业的跨国并购遭遇失败。比如，中海油无奈退出对优尼科的竞购，中国海尔在美泰收购战中理智地退阵，华为收购连续五年亏损的英国电信设备厂商马可尼失败……

当我们反思并购失败的原因时，我们发现，中国企业跨国并购失败的一个惊人的共同点竟然是民意舆论导致并购失败。

《华尔街日报》的一项调查显示，在受访的1 000名美国人中，竟然有73%的受访者支持政府拒绝中海油收购优尼科。既然选民已给予了清晰信息，议员就不需要对中海油"以礼相待"了。这些受访的美国人，主要就是接受了美国主流传媒的主导。这正是不同国家之间不同的文化所致。[①]

---

① 叶一剑.跨国并购重在文化整合[J].法人，2006（9）:72–73.

第七部分 再造华为

不可否认，被并购企业所在国的公众舆论，无疑给中国企业跨国并购增加了诸多的不确定性因素。事实上，被并购企业所在国的舆论，核心就是此次并购会不会影响国家安全，会不会引发就业水平急剧变化，会不会涉及产品知识产权等。如何减少这些舆论的阻力，中国企业事先完全没有一整套的具体针对手段。中国制造业以低成本著称于世，有的中国企业在并购过程中，竟然高调声称自己的价格只是对方的十分之一，如此价格造成了当地产业的恐慌，从而产生抵触情绪。① 因此，阻碍中国企业跨国并购的一个主因是所在国公众舆论而非"市场偏见"。

而且当并购遭遇所在国公众舆论压力时，中国企业的管理层不仅没有向所在国公众解释此次并购的目的和用意，也没有出席美国的媒体活动，尤其是具有辐射力的电视活动，没有花心思去拆解公众的舆论焦点，而他们的对手，在公众面前的可见度却极高，并购失败便在情理之中。

在跨国并购中，被誉为力挽狂澜的"杰克"船长——中远集团前董事长魏家福对此深有感触。

20世纪末，中远集团来到美国洛杉矶长滩市，准备收购一个废弃的军用码头。长滩拥有全美最大的集装箱港口，若能成功实现对这个码头的收购，将会是中远迈向全球化发展的重要一步。

---

① 叶一剑.跨国并购重在文化整合[J].法人，2006（9）:72-73.

当收购计划刚刚开始时,抵制并购的舆论就接踵而至。美国专家理查德·费希尔在《华盛顿时报》撰文将中远评价为"中国解放军的桥头堡"。在当时,《华盛顿时报》号称"美国政府护卫舰",也是美国中央情报局和五角大楼的政治风向标。多年来,这份立场保守的报纸刊发了多篇对中国并不友好的文章,堪称"中国威胁论"的吹鼓手。

魏家福在接受中央电视台的采访时介绍:"就这个时报登了文章说中远是军队的,中远走私AK47,这些负面的报道一大堆。"

在此之后,其他美国媒体也跟着向中远发出了质疑。魏家福和新一届的管理团队认为,中远应该直面质疑,澄清误会。2001年,魏家福飞赴美国,亲自出面为该收购扫清障碍。一方面,中远按照美国惯例聘请了公关公司;另一方面,魏家福开始主动走进美国主流媒体。

中央电视台用一个专题报道了魏家福如何应对美国媒体,特别是《华盛顿时报》的质疑的:

大卫·桑德斯是《华盛顿时报》新闻部的主管。10年前,他采访了魏家福。据魏家福介绍,《华盛顿时报》的副总编带着7名资深记者人员采访魏家福。当魏家福坐下来以后,副总编就拿出录音笔放在魏家福面前,然后告诉魏家福,从现在起他所说的每一句话都可能出现在《华盛顿时报》上。不仅如此,《华盛顿时报》副总编还拿出了曾经拒绝中远并购的《考克斯报告》。

第七部分 再造华为

大卫·桑德斯坦言："我们问了魏家福先生很刁钻的问题，然而魏家福先生并没有愤怒离席。"

众所周知，美国媒体的风格大都开放且犀利，在接受《华盛顿时报》的采访时，魏家福接受美国媒体的考验就开始了。

魏家福说："《华盛顿时报》副总编看着我问我，你为什么敢到这里来？他说别的人来都是豆大的汗珠往下滚。我说我怕什么？我就是来告诉美国人什么是中远的。"

当结束采访之后，魏家福还是非常担心此次沟通的作用，2001年6月1日的整个夜晚，魏家福都在不安中度过。

天刚蒙蒙亮，魏家福把门打开一看，门上挂了报纸。魏家福一口气将整篇文章读完。

这下魏家福放心了，因为《华盛顿时报》没有曲解，而是刊登了采访魏家福时，魏家福所讲的原话。

在这份《华盛顿时报》上，中远的故事被放在了醒目的头版头条，文章的标题是——"中远，我们的目的只是盈利"。

中远跨国并购能够成功，还是源于魏家福对美国文化的了解。对此，魏家福在接受中央电视台的采访时坦言："中远要想走出去，到全球运作，必须过了美国这一关，这就是我的战略。如果美国这一关你过不了，你还敢走到全世界？"

不管是华为还是中远的国际化经验，给中国企业家的启示是：在国际化市场拓展，尤其是跨国并购的过程中，不管面对的是国外的安全威胁还是民众舆论，都将影响国际化市场拓展，尤其是并购的成败。在这样的情况下，中国企业家必须积极面对媒体的质疑，向所在国媒体阐释这次国际化市场拓展，尤其是并购的真正战略意图，这样的危机公关是必须的，也是必不可少的，否则，安全和民众舆论的借口就把国际化市场拓展，尤其是并购给否定了。

对此，时任美国财政部副部长尼尔·沃林在接受中央电视台采访时坦言："我们只关注投资项目是否有威胁美国国家安全的因素，对其他问题我们不关注。"

美国沃顿商学院马歇尔·迈耶教授承认："中国企业在美国确实有特别的障碍。"而且对跨国并购案例进行审查，并不是美国一家的专利，当中国五矿对澳大利亚矿产企业进行收购时，澳大利亚财长韦恩·斯旺曾怀疑，这会对澳大利亚的"国家安全"构成威胁。

第 23 章 开放、合作与共赢

经过多年的高速增长,华为已经登上山巅。此刻的华为,面临一个极为艰难的抉择——是走向封闭还是开放。权衡利弊之后,华为决策层认为,只有走向开放才是华为从卓越走向伟大的一个关键性转折。为了打消客户、友商,以及潜在合作者的疑虑,任正非在接受媒体采访时,释放华为的善意:"华为公司之所以能进步到今天,与华为本身的开放有关。华为内部决策绝大部分都开放在网上,这些内容不仅公司员工可以看到,整个社会都可以看到,我们的有些决策也遭受外部的批评,当别人批评的时候,我们知道决策有错误,就要纠正。有什么东西不愿意与别人分享呢?我们在技术的方向和思想上是完全开放的,少量技术诀窍是没有开放的,这部分不开放的窍门也只是对一些企业有用,对国安局没有用。所以我们没有担忧。"

绝不因为坚持某些优势而放弃开放

关于华为的开放,《华为基本法》已经明确指出,"广泛吸收世界电子信息领域的最新研究成果，虚心向国内外优秀企业学习，在独立自主的基础上，开放合作地发展领先的核心技术体系，用我们卓越的产品自立于世界通信列强之林"。

在《华为基本法》的指导下，华为一直坚持开放，绝不因为坚持某些优势而放弃开放。2012年7月2日，任正非在与诺亚方舟实验室座谈时说道："关于自主创新的问题——自主创新就陷入熵死里面，这是一个封闭系统。我们为什么要排外？我们能什么都做得比别人好吗？我们在创新的过程中强调只做我们有优势的部分，别的部分我们应该更多地加强开放与合作，只有这样我们才可能构建真正的战略力量。我们是非常支持异军突起的，但要在公司的主航道上才好。我们一定要避免建立封闭系统。我们一定要建立一个开放的体系，特别是硬件体系更要开放。我们不开放就是死亡，如果我们不向美国人民学习他们的伟大，我们就永远战胜不了美国。"

在此次座谈会上，时任终端OS（操作系统）开发部部长李金喜问任正非："我来自中央软件院欧拉实验室，负责面向消费者BG构建终端操作系统能力。当前在终端OS领域，安卓、iOS、Windows Phone 8三足鼎立，形成了各自的生态圈，留给其他终端OS的机会已经很小，请问公司对终端操作系统有何期望和要求？"

面对李金喜的问题，任正非耐心地加以回答，并做了详细的解释："如果说这三个操作系统都给华为一个平等权利，那我们的操作系统是不需要的。为什么不可以用别人的优势呢？微软的总裁、思科的CEO和我聊天的时候，他们都说害怕华为站起来，举起世界的旗帜反垄断。我跟他们说我才不反垄断，我左手打着微软的伞，右手打着思科的伞，你们卖高价，我只要卖低一点，也能赚大把的钱。我为什么一定要把伞拿掉，让太阳晒在我脑袋上，脑袋上流着汗，把地上的小草都滋润起来，小草用低价格和我竞争，打得我头破血流？"

任正非认为，华为现在做终端操作系统是出于战略的考虑，如果它们突然断供了，无疑就断了华为的粮食。任正非说道："安卓系统不让用了，Windows Phone 8系统也不让用了，我们是不是就傻了？同样的，我们在做高端芯片的时候，我并没有反对你们买美国的高端芯片。我认为你们要尽可能地用它们的高端芯片，好好地理解它。当它们不卖给我们的时候，我们的东西即使稍微差一点，也要凑合能用上去。"

在任正非看来，华为人不能有狭隘的自豪感，这种自豪感会害死华为。对此，任正非说道："我们不要狭隘，我们做操作系统和做高端芯片是一样的道理。主要是让别人允许我们用，而不是断了我们的粮食；断了我们粮食的时候，备份系统要能用得上。"

正是因为任正非的开放战略，才避免了被美国"断供"而直接休克。回顾当初，任正非坦言做备份的目的："我们看问题要长远，我们今天就是来赌博，赌的就是战略眼光。华为现在做终端操作系统是出于战略的考虑，我们今天的创造发明不是以自力更生为基础的，我们是一个开放的体系，向全世界开放。作为一个开放的体系，我们还是要用供应商的芯片，主要还是和供应商合作，甚至优先使用它们的芯片。我们的高端芯片主要是容灾用。低端芯片哪个用、哪个不用，这是一个重大的策略问题，我建议大家要好好商量研究。如果我们不用供应商的系统，就可能为华为建立了一个封闭的系统，封闭系统必然要能量耗尽，要死亡的。"正是因为任正非坚持开放战略，华为才得以快速发展，其成果非常显著。

一旦追求封闭，无疑是自寻死路

当今的世界是一个开放的世界，康柏电脑的开放策略打败了不可一世的 IBM 的封闭战略；谷歌安卓系统的开放打败了微软的封闭战略；华为的开放打败了思科……

在 2010 年 PSST（网络解决方案）体系干部大会上，任正非告诫大家："'开放、合作、实现共赢'，就是团结越来越多的人一起做事，实现共赢，而不是共输。我们主观上是为了客户，一切出发点都是为了客户，其实最后得益的还是我们自己。有人说，我们对客户那么好，客户把属于我们的钱拿走了。我们一定要理解'深淘滩，低作堰'中还有个低作堰。我们不要太多钱，只留着必要的利润，只要利润能保证我们生存下去。把多的钱让出去,让给客户,让给合作伙伴,让给竞争对手,这样我们才会越来越强大,这就是'深淘滩,低作堰',大家一定要理解这句话。这样大家的生活都有保障,就永远不会死亡。"

查阅相关资料发现,在华为内部的会议上,任正非多次提及开放。可能读者会问,华为为什么要开放呢?任正非是这样解释的:"华为有许多约束条件,民营企业、无资本、无背景、无历史,创始团队中无一人有过企业管理的经验,这些都迫使华为必须走开放之路,尤其在面对国际市场的时候,封闭自我就会被踢出游戏之外。"

回顾华为的历史,在华为30多年的发展中,其初期只顾埋头走路,这就意味着长期自我封闭。当华为日益茁壮之后,这样的做法无疑是行不通的。开放、合作、实现共赢就成为华为不得不面对的问题。

2010年12月,华为对外发布云计算战略,以及端到端的解决方案。作为华为领军人物的任正非罕见地出席了面向全球云计算的发布会。在会上,任正非表示,通过涉足云计算,让华为更好地实现转变,其基础是开放、合作、实现共赢。

据介绍,华为云计算战略包括三个方面:第一,构建云计算平台,促进资源共享、效率提升和节能环保;第二,推动业务与应用云化,促进各个行业应用向云计算迁移;第三,开放合作,构筑共赢生态链。

任正非坦言:"如同IP改变了整个通信产业一样,云计算技术也将改变整个信息产业。"在任正非看来，开放的云计算战略将会帮助华为和合作伙伴一起，为客户打造最优秀的云计算平台，让全世界所有的人，像用电一样享用信息应用与服务。①

华为进军云计算，更是彰显华为开放、合作、实现共赢的转变。任正非介绍："华为20年来，从青纱帐里走出来，像一个孤独的'农民'，走在一条弯弯曲曲的田间小路上。"

任正非在发言中也毫不讳言称："华为多年来像堂吉诃德一样的封闭，手拿长矛，单打独斗，跌跌撞撞地走到今天。当打开眼界一看，华为已经不得不改变自己长期的封闭自我的方式。"

任正非回顾华为的发展时分析认为，以前华为跟别的公司合作，一两年后华为就把这些公司吃了或甩了，这是"黑寡妇"的做法。而今天华为要改变这个现状，要开放、合作、实现共赢。要保持"深淘滩、低作堰"的态度，多把困难留给自己，多把利益让给别人，多栽花少栽刺，多些朋友，少些"敌人"。

---

① 徐维强. 任正非：不做堂吉诃德 [N]. 南方都市报：SA32 版，2010-12-01.

第八部分　危机管理

第 24 章　战略撤退

2018年初，美国运营商 AT&T 和 Verizon（威瑞森电信）在美国政府的干预下，不得不放弃销售华为最新智能手机。随后，百思买也停止了销售华为手机、笔记本电脑和智能手表等产品。

2018年4月17日，华为轮值董事长徐直军在答记者提问时坦言："有些事情不是以我们的意志为转移的，既然你没法左右，还不如不去理它。这样我们会有更多的精力和时间来服务好我们的客户，有更多的时间和精力打造更好的产品，去满足我们客户的需求。有些事情，放下了，反而轻松。"

曲线入美

一直以来，美国市场寄托着华为国际化的光荣与梦想，但是随着华为在美国遭遇接二连三的"障碍"，使得华为不得不曲线入美。

2016年6月，美国商务部为了找到制裁华为的相关"证据",强制华为提交向古巴、伊朗、朝鲜、苏丹和叙利亚出口或再出口美国技术的相关出货信息。

华为是继中兴后,再次陷入美国调查出口问题的中国企业。此时,华为正与微软、英特尔达成战略合作——在美国市场发售一款名叫 MateBook 的二合一产品,除了传统的销售渠道外,该产品还将在全美近百家微软旗舰店销售。

业界对此认为,美国商务部的调查对华为产品进入美国市场会产生多大的影响依旧很难判断。对此,《纽约时报》报道称,传票是调查是否违反美国出口管控的一部分,不意味着刑事调查。

不得已,华为再次声明,华为承诺遵守业务所在地的法律法规。但潜在的风险依旧没有排除。市场研究和咨询机构 Strategy Analytics 高级分析师杨光评价道:"在手机芯片业务上,华为有海思这样的自研产品所替代,在网络设备所需的关键元器件方面,比如 FPGA(现场可编程逻辑门阵列)、CPU(中央处理器)或射频元器件,包括华为在内的绝大多数通信设备制造厂商都会依赖于美国的供应商。"

华为熟悉来自美国的调查。早在几年前,华为就遭遇了美国的指控,并因此逐步地放弃了美国市场。

2010 年,华为为了拓展美国市场,曾经游说美国政府,试图并购摩托罗拉的无线网络业务,最后,美国政府以"国家安全"为借口拒绝了华为的此项并购。2011 年,华为打算以 200

万美元并购 3Leaf Systems（三叶系统），但是美国海外投资委员会以"技术输出"为借口迫使华为放弃此项收购。

正是因为来自美国政府的干预，美国四大电信运营商都没有采购和使用华为的网络设备。虽然屡屡遭遇挫折，但华为依旧没有放弃美国市场。最近这几年，华为频频通过消费者业务和企业业务试图重新敲开美国市场的大门。2016年，在华为召开的市场大会上，任正非再次提出，"总有一天我们会光荣走进美国"。

一步一个脚印

通过多年的国际化努力，华为在消费者业务上拿出了一张漂亮的成绩单——华为智能手机拿下中国本土第一、世界第三的市场份额。

华为下一步将是通过提升发达国家市场份额来超越苹果和三星。余承东在接受 CNBC（美国消费者新闻与商业频道）专访时坦言："华为将更多精力投在了发达国家市场。"

在余承东看来，发达国家的经济发展更好，用户的消费能力更强。"大家都知道，智能手机行业的利润主要集中在高端机市场，低端机几乎赚不到钱，中端机利润也不多。实话说，华为对低端机市场兴趣不大。""华为擅长创新，有丰厚的技术积累，因此我们能给高端用户带来更多价值，他们对更好的设计和更好的用户体验趋之若鹜。"

虽然如今的华为,已经成为世界第三大手机制造商,其市场占有率接近10%。但与三星、苹果相比,依旧有着较大的差距,尤其是华为手机业务的利润很低,根据市场研究机构Canalys的数据,三星目前是全球智能手机市场的霸主,市场份额达到22%,而苹果的份额为15%。[①]

华为在一些关键市场,如印度尼西亚和印度等重要市场表现不佳,同时又难以撬开美国手机市场。市场研究公司Canalys分析师贾莫表示:"美国市场是必须要进去的。只有在美国获得了不错的市场份额,华为才有机会登顶全球智能手机市场。"

在贾莫看来,打开美国市场,是华为夺取世界第一的一条必经之路。2017年7月,华为消费者业务部门公布了上半年年中业绩,智能手机出货量达7 300万台,同比增长20.6%。销售收入超过了1 054亿元,同比增长36.2%。在该报告中,华为期望实现全年出货1.4亿~1.5亿台智能手机的目标。

制定这样的目标,是基于2016年华为1.39亿台智能手机的销量之上的。余承东提出了消费者业务在2020年达到1 000亿美元销售收入的目标。

为了达成该目标,华为必须继续把欧盟和日本等市场的高端用户放在首位。客观地讲,华为在欧洲和日本市场的业绩表

---

① 晓光.苹果在智能表市场份额下跌,但它仍是行业霸主[EB/OL]. 2019-06-26. https://tech.sina.com.cn/mobile/n/n/2019-06-26-doc-ihytcerk9335223.shtml.

现非常不错，2017年上半年华为智能手机欧洲销量同比增长18%，而且在意大利的增速最快。

美国《财富》杂志分析道："智能手机或许是华为成为美国知名品牌的最好机会，美国消费者没有建立起对华为的品牌印象，在美国消费者眼中，它只是没有品牌知名度，正面、负面都没有，这对华为来说反而是个机会。"

无果而终

2017年8月5日，华为与AT&T已经初步达成战略协议，AT&T在美国市场销售华为智能手机。在媒体和研究者看来，此举无疑将成为华为正式进军美国市场的一个标志性事件。究其原因，华为既有望借助AT&T平台在美国市场与苹果和三星正面竞争，同时又可以为华为深耕美国市场打下坚实的基础，也有助于华为实现自己成为全球最大智能手机生产商的目标。

根据Strategy Analytics和IDC（互联网数据中心）的两份市场调研报告数据，2017年第二季度，华为的智能手机出货量和市场份额均排名全球第三，仅次于三星和苹果。华为的市场份额仅比排在第二位的苹果低0.7个百分点，出货量差距在240万~250万部。[1]

---

[1] 任芷霓.华为一季度智能手机市场份额再超苹果 欧洲市场销量增长69%[N].每日经济新闻，2019-05-29.

从这组数据不难看出，华为与苹果、三星已形成三足鼎立之势。为了撬开美国市场，华为一直设法处理好与美国通信运营商的关系，却收效甚微。2016年11月，当华为首次在美国市场发售高端智能手机Mate 9时，遭到美国运营商冷遇，甚至占据美国手机销售80%以上份额的大运营商都没有意愿与华为合作。

《华尔街日报》报道称，华为在美国智能手机市场成功拓展的主要障碍有如下几点：第一，华为自身的品牌认知度较低；第二，存在对华为网络设备安全性的担忧；第三，存在数字蜂窝通信标准相关的技术障碍。

该报道还指出，华为与T-Mobile（跨国移动电话运营商）美国公司由于存在相关的专利纠纷，后者积极性不高。一位华为驻美国经理介绍，相比华为与T-Mobile美国公司的不愉快关系，华为与美国运营商AT&T的合作更为流畅。

再加上，美国政府早就对华为技术的安全隐忧发出警告。华为在美国市场的经营可谓是雪上加霜。

其后的变化让余承东始料未及。据媒体的报道，美国当地时间2018年1月8日，AT&T单方面取消与华为的合作计划，不会在美国市场销售华为手机。

面对如此际遇，华为依然没有放弃在美国市场发布新产品以及具体上市的信息。华为表示，其旗舰智能手机Mate 10 Pro将通过公开渠道在美国销售，只不过不走运营商销售渠道。尽管 AT&T 没有公布真正的原因,但是媒体和研究者都非常清楚,取消合作是因为来自美国政府的干预。华为与 AT&T 洽谈合作期间,美国政府的"阻力"一直相随。因为,一旦华为成功进入美国智能手机市场,无疑会对美国巨头企业产生"威胁"。

第 25 章　绝地逢生

"溪云初起日沉阁,山雨欲来风满楼。"比起之前的跨国巨头"兵临城下",2019 年 5 月的"实体清单"事件把华为推到生死存亡的浪尖上,其形势相对较为严峻。

面对来势汹汹的华盛顿"火力",华为决策层,尤其是任正非,全力以赴地补洞,试图让华为的"伊尔 2 战机"成功返航并尽快地恢复应有的作战能力。随后,华为展开了一场声势浩大的自救运动。

战机补洞

2019 年 7 月 18 日,意大利媒体采访了任正非,再次谈到了人们关心的华为鸿蒙系统。记者提问道:"您常常把现在的华为比作伊尔 2 战机,有很多的洞需要补,现在补洞的情况如何?最先补哪些洞?您是否会把一些投资的领域进行转移呢?新的鸿蒙操作系统将会有哪些应用领域?我们以为会用在手机上,后来说是为物联网设计的。对于安卓操作系统是否有一个

第八部分 危机管理

替代方案呢？"

任正非回答："伊尔 2 战机的照片是我偶然在网上看到的，我觉得很像我们公司，除了'心脏'还在跳动以外，身上是千疮百孔。当时我们并不知道身上有多少洞，不确定哪些是最主要的。那么，5G、光传送、核心网……这些系统，我们要优先去补洞，这些洞已经全部补好了。今天统计下来，我们大概有 4 300～4 400 个洞，应该已经补好了 70%~80%，到年底时可能有 93% 的洞会补完。一方面是补洞，另一方面是切换版本，对 2019 年的经营业绩是会有一些影响的。2020 年我们还会补少部分的洞，这些洞可能更难补一些，可能明年我们的经营业绩还会受影响。我们估计，到 2021 年公司会恢复增长。其次，鸿蒙操作系统的最大特点是低时延，它与安卓、iOS 是不一样的操作系统。开发设计的初衷是用于物联网，比如工业控制、无人驾驶……来支撑使用，我们现在首先使用在手表、智能 8K 大屏、车联网上。在安卓系统上，我们还是等待谷歌获得美国审批，还是尊重和拥护谷歌的生态和技术的权利。"

在采访中，任正非多次提及该飞机，以此说明华为拥有较强的生命力和竞争优势，同时也说明华为目前的真实境遇。早在 2019 年 5 月 21 日上午，任正非在接受中国媒体采访时，华为公关部提供给媒体的资料中，就有伊尔 2 战机的图片：一架在"二战"中被打得像筛子一样，弹痕累累的伊尔 2 飞机，依然坚持飞行，终于安全返航。飞机下面是一行大字：没有伤痕累累，哪来皮糙肉厚，英雄自古多磨难。

替换美国 33 家供货商

美国时间 2019 年 5 月 15 日，美国总统唐纳德·特朗普签署行政命令，宣布进入国家紧急状态，允许美国禁止为被"外国对手"拥有或掌控的公司提供电信设备和服务。

2019 年 5 月 16 日，美国商务部产业与安全局将华为及其分布在全球 26 个国家（地区）的 68 家子公司纳入实体清单。

此举意味着华为不能采购美国的零部件、芯片和操作系统。对此，华为一方面寻找替换美国 33 家供货商的方案，同时也在积极地向美国供应商喊话。美国把华为纳入实体清单，或许是因为在华为 2018 年的核心供应清单中，美国占据三分之一还多。

2018 年 12 月，在深圳召开的核心应用商大会上，华为首次公布了所有核心供应商名单。在此次公开的 92 家核心供应商名单中，美国有 33 家，中国大陆有 25 家，日本有 11 家，中国台湾有 10 家，其他地区有 13 家（见表 25-1）。

在这份供应商名单中，特朗普总统看到了华为的软肋，企图让华为接受与中兴类同的条款。

第八部分　危机管理

表 25-1　华为 92 家核心供应商名单

连续十年金牌供应商	英特尔、恩智浦
金牌供应商	灏讯、赛灵思、美满、富士康、生益电子、中利集团、富士通、沪士电子、美光、广濑、比亚迪、村田、索尼、大立光电、高通、亚德诺、康沃、安费诺、立讯精密、欣兴电子、莫仕、耐克森、京东方、阳天电子、中航光电、甲骨文、住友电工、安森美、中远海运集团、顺丰速递、中国外运、新能源科技有限公司、舜宇光学、天马、SK 海力士、罗德与施瓦茨、是德科技、美国国际集团、思博伦、红帽、SUSE、晶技股份、东芝存储、希捷、西部数据、光迅科技、迅达科技、新思科技、华工科技、长飞、意法半导体、思佳讯、微软、深南电路、新飞通、Qorvo、古河电工、瑞声科技、联恩电子、Sumicem、歌尔股份、华通电脑、三菱电机、三星、南亚科技
优秀质量奖	赛普拉斯、高意、Inphi、松下、航嘉、旺宏电子、华勤通讯
最佳协同奖	迈络思、台积电
最佳交付奖	核达中远通、风河、亨通光电、日月光集团、联发科、蓝思科技、中芯国际、伟创力、罗森伯格
联合创新奖	伯恩光学、Lumentum、菲尼萨、Cadence、博通、德州仪器、英飞凌

资料来源：智通财经网. 华为 92 家核心供应商及其供应产品一览 [EB/OL]. 2019-02-25.https://www.zhitongcaijing.com/content/detail/183673.html.

当美国的《国际紧急经济权利法案》和"实体清单"启动时，就宣告了全面禁止华为拓展美国市场，禁止美国企业销售产品给华为，切断了华为与美国，以及与其他国家的供应链。

在任正非看来，美国把华为列入了"黑名单"，并不意味着华为就此倒闭，因为华为只是在目前遭遇困难，但是会进行短板的修补，从而提升自身的竞争力。

2019年6月5日，美国彭博电视台记者向任正非提问："为了确保华为的零部件供应，有没有计划改变目前的供应链？"

任正非回答说："还是要保持原来的供应链不会改变，还是要向美国公司下订单，如果美国公司不能给我们供应，自己供应自己的百分比就会提升，自己要想办法解决自己的问题。"

当去美国化开始后，华为就开始新一轮的供应商切换。2019年6月20日，华为P30系列手机上市85天销量就突破1 000万台，这样的业绩出乎中国研究者的意料。

为了了解华为P30 Pro手机中美国元器件的占比，日本研究机构Fomalhaut Techno Solutions拆解了华为P30 Pro。让Fomalhaut Techno Solutions吃惊的是，华为P30 Pro共有1 631个元器件，而由美国供应商供应的元器件仅有15个，占比0.9%；成本59.36美元，占比16.3%。

在零部件供应中，日本企业的组件数量最多，高达869个，占比过半，价值占比为23%；中国大陆企业提供80个组件，但价值占比最高，达到了38.1%；此外，韩国企业提供了562个组件，中国台湾企业提供了83个组件（见表25-2）。

表 25-2 华为 P30 Pro 零部件数量和价值占比

产地	总成本 （363.83 美元）	零件总数 1631
美国	59.36 美元 （16.3%）	15 （0.9%）
中国	138.61 美元 （38.1%）	80 （4.9%）
日本	83.71 美元 （23%）	869 （53.2%）
韩国	28 美元 （7.7%）	562 （34.4%）
中国台湾	18.85 美元 （7.9%）	83 （5.0%）

资料来源：快科技.日本拆解华为 P30 Pro：美企零件占比仅 0.9%[EB/OL]. 2019-06-29.https://tech.163.com/19/0629/17/EIRSK1P9000999LD.html.

根据拆解的结果来看，华为 P30 Pro 中价值占比最高的是由京东方提供的 OLED（有机发光二极管）屏幕，价值高达 84 美元；其次是美光的 DRAM（动态随机存取存储器）内存芯片，价值为 40.96 美元；价值第三的是麒麟 980 芯片，价值为 30 美元；价值第四的是三星闪存，价值为 28.16 美元。在日本供应商中，华为 P30 Pro 的核心部件是索尼的 CMOS（互补金属氧化物半导体）传感器。

华为芯片转"正"

美国商务部产业与安全局把华为列入管制"实体名单"的当晚，华为海思总裁何庭波发给员工的邮件传遍了中国的每个角落。

多年前，还是云淡风轻的时候，公司做出了极限生存的假设，预计有一天，所有美国的先进芯片和技术将不可获得，而华为仍将持续为客户服务。为了这个原以为不会发生的假设，数千海思儿女，走上了科技史上最为悲壮的长征，为公司的生存打造"备胎"。

面对美国的断供，华为拿出一直压在保密柜里面的"备胎"，正式启用。

今天，命运的年轮转到这个极限而黑暗的时刻，美国毫不留情地中断全球合作的技术与产业体系，做出了最疯狂的决定，在毫无依据的条件下，把华为公司放入了实体名单。今天，是历史的选择，所有我们曾经打造的备胎，一夜之间全部转"正"！

何庭波的这封邮件犹如吹响了芯片交付的"集结号"。其后，华为按照自己的节奏，有条不紊地发布着相关的芯片。

2019年9月6日，作为华为消费者业务CEO的余承东，

第八部分　危机管理

在2019德国柏林消费电子展（IFA）上发表了主题为"Rethink Evolution"（重新思考进化）的讲话，宣布面向全球推出华为最新一代旗舰芯片麒麟990系列，包括麒麟990和麒麟990 5G两款芯片。

据华为官网介绍，作为全球首款旗舰5G SoC（系统级芯片）的麒麟990 5G，可以为消费者提供卓越的5G体验。同时，麒麟990 5G在性能与能效、人工智能智慧算力及ISP（图像信号处理）拍摄能力等方面进行全方位升级，打造手机体验新标杆。①

华为的芯片推出，让特朗普的如意算盘落空。在特朗普看来，当美国把华为列入实体清单后，直接打击了华为的芯片采购，同时还打击了华为自身设计和生产芯片战略，可谓一箭多雕。

然而，倔强的以任正非为核心的华为高层并没有妥协，而是向一个更加纵深的领域前进。2019年6月5日，当美国彭博电视台记者采访任正非，问道："最近大家的关注点都在5G技术上，没有了美国供应商，华为还能保证5G产品的质量吗？"

任正非回答道："5G没有问题，我们在最先进的产品上都有能力自己管理自己。"

美国彭博电视台记者追问道："在核心的网络服务上，你

---

① 赵永新. 华为发布麒麟990系列芯片　率先体验5G通信联接[EB/OL]. 2019-09-09. http://it.southcn.com/9/2019-09/09/content_188920906.htm.

们是否已经开发出可以替代别人的芯片？有没有一个大概的时间？你们自己研发的芯片什么时候开发出来？什么时候可以替代使用？"

任正非回答道：

是的。其实一直都在使用。我们过去采取的是"1+1"政策，一半用华为自己的芯片，一半购买美国的芯片，这样使得美国公司的利益也得到保障，我们也在实践中得到验证。如果美国对我们的制约多，我们购买美国芯片就少一点，使用自己的芯片多一点；如果美国公司得到华盛顿的批准，还可以卖给我们，我们还是要继续大量购买美国芯片。我们和这些公司都是"同呼吸，共命运"的，不能因为我能做成芯片就抛弃伙伴，这样做以后就没有人愿意跟我们长期合作了。

我们做芯片的目的，不是要替代别人形成一个封闭的自我系统，而是要提高自己对未来技术的理解能力。因此，我们并没有准备完全替代美国公司的芯片，而是和美国公司长期保持友好。所以，不是说什么时候拿出来替代，而是一直在使用自己研发的芯片。

华为鸿蒙系统

当美国发布"实体清单"后的 2019 年 5 月 20 日，谷歌率先宣布"暂停"与华为合作。对于海外尤其是欧洲和印度等地的用户来说,谷歌的暂停合作,将造成较大影响,原因是这些地区已经习惯了目前谷歌的安卓生态系统,不能访问 Gmail(谷歌邮箱)或 Play Store(应用商店)等应用程序,操作不习惯,加上华为目前还没有一个投放市场的、成功可行的替代方案,没有谷歌安卓操作系统支持的华为智能手机,让用户左右为难。

的确,华为智能手机的功能需要时间来习惯,同时被吊销的安卓许可证意味着谷歌的更新将会延迟,而未来华为的设备,将可能会对华为在中国以外的智能手机业务构成威胁。[①]

谷歌关闭安卓许可证,华为并不是没有办法解决,华为可以通过安卓的开源版本(或 AOSP),或者兼容安卓应用程序,让用户可以访问谷歌应用商店,这是安卓应用程序生态系统的关键门户。

任正非在 2019 年 5 月 21 日接受媒体采访时坦言:"我们能做操作系统,但不一定是替代别人的做法,因为我们在人工智能、万物互联中本身也需要。"

2019 年 5 月 21 日下午,余承东在微信群公开了华为鸿蒙系统的发布时间:"最快今年秋天,最晚明年春天,我们自己的 OS 将可能面世。我们愿意继续用谷歌和微软,但没有办法,被'逼上梁山'啊!"

---

① 梁睿瑶. 冬天里的华为 [J]. 中国企业家, 2019(09): 106-109.

余承东发布此信息几天后,"华为鸿蒙"商标已在中国本土进行注册。

在国家知识产权局商标局网站上查询"华为鸿蒙",可查到华为已经申请注册"华为鸿蒙"商标,申请/注册号为3890785、3836488、38362047、33104783、33093263,共计五类。

根据其商标范畴显示,可应用于"计算机软件设计,通过网站提供计算机技术和编程信息,软件即服务(SaaS),云计算,计算机软件的更新和维护,多媒体产品的设计和开发,计算机软件研究和开发,手机软件设计,软件设计和开发,手机应用软件的设计和开发,平台即服务(PaaS),即时通信软件的设计和开发,数据处理用计算机程序的开发和创建,电子数据存储"。

2019年8月9日至8月11日,华为开发者大会在东莞松山湖举行。在此次大会上,余承东以"全场景时代新体验与新生态"为题发表演讲,正式发布自有操作系统:鸿蒙。

今天我们带来了华为的鸿蒙OS,基于微内核全场景分布式OS,鸿蒙用中文的意思可能有"开天辟地"的意思,最接近的英语单词就是Genesis(创史)。用汉语拼音表达鸿蒙太难发音了,我们取名Harmony(和谐),希望给世界带来更多和平、方便。

我们的鸿蒙OS是全球第一个基于微内核全场景分布式

OS，基于微内核不仅仅我们一家，谷歌的Fuchsia（操作系统）也是微内核，苹果也在向这个方向发展，但是目前主要是宏内核，我们还是面向全场景分布式OS，有分布式架构支撑，提供天生流畅内核级安全生态系统。

第 26 章　合纵连横

自 2019 年 5 月以来，华为决策层，尤其是任正非，打破之前的沉默，频繁地接受国内外主流媒体的采访，向外界释放出华为的真实声音。

在接受媒体采访时，任正非说道："我不断发声，是想让真实情况不断传播。今年上半年，看到财报还可以，下半年的财报更能证明，公司是靠自己的力量活下来的。到明年上半年，会看到华为财报只会好，不会差，但也不会有大增长。到时候，外界会相信华为真的活下来了。这个信任不是靠说服，而是靠自己努力。"

出售 5G 技术，打消西方疑虑

任正非在 2019 年 9 月 10 日接受英国《经济学人》杂志采访时提到，华为愿意将 5G 的技术和工艺向国外企业进行许可，而且是一次性买断，并非每年缴纳年度许可费。华为的理想是"为全人类提供服务，努力攀登科学高峰"，有更多人来一起完成,符合华为的价值观。因此,许可别的西方国家也生产华为同等的设备。

在任正非看来,转让5G技术不仅可以消除西方国家的安全疑虑,同时也可以获得更多的营业收入,投入后续的研发。任正非补充道:"把5G许可权转让以后,我们会得到一部分钱,这部分钱就如柴火一样,可以把我们未来的科学研究烧得更旺。"

有关任正非的采访引起了中国各界的不同解读,2019年9月18日,作为华为副董事长的胡厚崑对于华为"将5G相关的许可技术和工艺转让给西方国家"正式做出回应:"理解任总(任正非)的表态并不是非常复杂的问题。一方面从全球供应链上来讲可以产生更多的竞争,用户当然乐于看到这样的事情;另一方面,我们知道围绕华为5G的解决方案在国际上有很多争议,认为我们有安全问题,但你没掌握这项技术,这些都是猜疑。你如果用一种商业化的方式掌握了这种技术,你在上面做开发,就会减少关于我们安全性的质疑。"

2019年9月26日,任正非与全球顶级人工智能专家——杰里·卡普兰和彼得·柯克伦对话时进一步明确表示,华为不是授权给所有的西方公司,只是授权给一家美国公司。

为什么授权给美国公司呢?任正非的解释是,"让一家公司来获得我们的许可,这样它才有规模化的市场给它支撑"。任正非说道:"美国现在缺这个东西,我们应该独家许可给美国公司获得这个东西，而且它可以在全世界跟我们竞争，不是仅限定在美国市场范围，它可以在全世界范围共同竞争"。

任正非之所以愿意授权包括其源代码、硬件技术、测控、交付、生产，甚至芯片设计，是因为想打破欧美市场，尤其是美国的不信任。

目前，在欧美市场，尤其是在美国市场，对于华为5G技术存在诸多质疑。任正非说道："中国在过去是一个贫穷的国家，也是一个落后的国家，大家认为中国不可能赶上来，就和火车一样，当火车跑得比马车快时，会出现对新生事物的不信任。""我觉得时间长了还是会有很多信任的。全世界还是给了华为很多机会，这已经很宽容了。我已经很满足了，我不能让人人都理解我们，至少在短时间内。"

毋庸置疑，如果美国持续不信任华为，那么将影响华为在全球，尤其是在美国市场的拓展。面对这样的困局，任正非暂时放弃5G技术的领先优势，授权给美国公司，一方面可以打消美国对华为5G技术的疑虑，同时还可以获得一笔资金；另一方面也可以树立新的竞争者，激活华为的战斗意志。

任正非说道："引入强大的公司，会提醒我们19万员工谁也不能睡懒觉，狼撑着羊跑，羊才会健康。真把华为打垮，我是真高兴。说明世界真的伟大了。如果没有打垮华为，狼就失去了竞争力。所以，我不担心。""我们希望将来在新的起跑线上和欧洲、日本、韩国、美国在同一条起跑线上再次起跑，共同为人类做贡献,因为我们有信心能跑赢,所以我们有信心开放。"

苦练内功,争取友商

自 2019 年 5 月以来,任正非多次在接受媒体采访时高调喊话支持并理解美国供应商的相关"断供"做法,同时也在积极地练好内功,做好没有美国供应商的替代方案。

任正非说道:"如果产生脱钩,我是并不赞成的。美国公司要是供应零部件,我是一定要买的,不会走完全自力更生的道路,现在是临时的状态行为,长期是会融入这个社会,这个世界的。"

任正非的理由有两个。第一,市场化如果只有一小块,只会产生高成本,全球化的目的是要资源共享,让全球人民受益。千万不要脱钩,好不容易有标准,要是脱钩的话会产生高成本。优质的服务能降低成本,使 70 亿人享受成果。

第二,任正非表示,火车最早有窄轨道、宽轨、标准轨道,这是很不方便的,有一定的限制。通信也是一样,3G、4G 标准不一样,所以才会有 5G 产生,只有一个标准。这是上百个国家经过 20 多年,数千个科学家产生的统一标准,能够支撑人工智能。

在做好坚实的基础之后,华为供应商的态度却发生了逆转。

2019年5月23日，因为必须遵循美国的贸易禁令，移动处理器知识产权提供商Arm宣称，已经暂停了与华为的业务合作。

来自BBC的新闻报道称，Arm员工已停止与华为的"所有有效合同，支持权利以及任何未决的约定"。

Arm内部备忘录提到，由于Arm的芯片知识产权包含有"美国原产技术"，因此就必须遵守美国的贸易禁令。原因是，Arm公司的两个研发中心位于美国得克萨斯州奥斯汀和加利福尼亚州圣何塞，这两个研发中心开发的一些处理器知识产权，属于美国禁令管辖范围。

Arm畏惧自身整体业务遭受美国政府的打击，自然就中断了与华为的合作。在不得不取舍时，Arm发言人对外宣称："Arm正在遵守美国政府提出的所有最新规定。"

面对供应商的"背弃"，华为发言人表示："我们重视与合作伙伴的密切关系，但承认其中一些人因为出于政治动机的决策而面临压力。""我们相信这种令人遗憾的情况可以得到解决，我们的优先事项仍然是继续为全球客户提供世界一流的技术和产品。"

Arm的"背弃"无疑打乱了华为的研发布局，其影响比谷歌停掉安卓系统要严峻得多。究其原因，Arm是目前全球最大的移动知识产权提供商，全球绝大多数的智能手机芯片都是基于Arm的架构，不仅如此，Arm的产品还覆盖了传感器、微控制器、服务器等众多领域。

第八部分 危机管理

Arm 本身并不设计制造适用于终端设备的系统级芯片，其主要是通过向芯片设计或制造厂商提供知识产权授权的模式来获利。授权模式主要有三种：内核层级授权（知识产权核授权）、架构/指令集层级授权和使用层级授权。[①]

当华为按照自己的步骤有条不紊地进行运作时，供应商的态度又再次发生逆转。2019 年 9 月 25 日，Arm 中国方面表示，在合规的前提下，Arm 确认 V8 架构和未来的后续架构技术，可以向包括华为海思在内的中国客户授权。

此外，高通 CEO 史蒂夫·莫伦科普夫在 2019 年 9 月 23 日提到，高通已经向华为重启供货，并一直想办法能持续供货，并且高通将尽最大努力支持在中国大陆的客户。

中国台湾的《经济日报》在 2019 年 9 月 25 日也报道了其他美国企业向华为供货的情况，在高通向华为恢复供货前，美光、英特尔等美国关键零部件厂商已陆续恢复向华为供货。该报道分析，由于华为自身的技术实力及庞大的采购规模，一些美国企业在失去华为这个客户后，其销售业绩遭受下滑。

来自彭博社的消息显示，美光仍然公开支持白宫政策，但是，美光近一半的营业收入来自中国市场。美光 CEO 桑贾伊·梅罗特拉在 2019 年 9 月 26 日的财报电话会议上坦承："如果针对华为的实体名单限制继续存在，而美光又无法获得许

---

① 卢梦琪.上海硅知识产权交易中心经理万雪姣：开源与便捷成为处理器 IP 授权新趋势[N].中国电子报，2019-09-10.

可证,那么在接下来的几个季度中,销售额下滑可能会更加严重。"华尔街的态度证明了桑贾伊·梅罗特拉的担心。2019年9月27日,美光的股价下跌11%,成为标普500指数中表现最差的股票。

高通、美光、英特尔等美国关键零部件供货商陆续恢复向华为供货,极大地提升了华为后续产品供货的顺畅程度。

后 记

在中国企业的国际化路径中,联想通过并购的模式解决了困扰中国企业国际化的问题。格力电器通过"先有市场,再有工厂"的模式来探索中国企业国际化的问题。不同于联想和格力电器,华为的国际化则是"农村包围城市",以技术和高性价比,同时通过强强联合,最终"以土地换和平",完成自己的国际化。

回顾华为的国际化市场拓展历程,其艰难程度难以想象,都是华为人一小步一小步累积前进的。正是面临国际化的诸多困难,最终铸造了华为较为强悍且坚硬的"米姆"基因。今天的华为能够取得成功,与当初的国际化战略是分不开的。

早在20世纪90年代中期,华为开始启动拓展国际市场战略,主要以交换机和传输设备为突破点。1998年,华为涉足接入网业务,任正非把中国大陆地区市场的成功业务和产品拿到国际市场上尝试。刚开始，华为由于诸多因素的限制，在海外增长的速度比较缓慢，甚至还遇到了较多困难。

面对困难，任正非鼓励华为人说："我们要泪洒五洲，汗流欧美亚非拉。你们这一去，也许就是千万里，也许十年八年，也许你们胸戴红花回家转。但我们不管你是否胸戴红花，我们会永远地想念你们，关心你们，信任你们，即使你们战败归来，我们仍美酒相迎，为你们梳理羽毛，为你们擦干汗和泪……"

其后，华为开启"盐碱地"开发战略，拒绝机会主义，从而迎来了实质性的突破：2002 年，华为在国际市场的收入达到 5.52 亿美元，2003 年则达到 10.5 亿美元。由此开启了国际化的高速上升通道。

2000 年起，华为开始在其他地区全面拓展，包括泰国、新加坡、马来西亚等东南亚市场以及中东、非洲等区域市场。此外，在相对比较发达的地区，如沙特、南非等地区也取得了良好的销售业绩。

在发展中国家通信市场的连战告捷，使得华为国际化的信心倍增。此后，华为开始向自己期待已久的发达国家通信市场进军。在西欧市场，华为从 2001 年开始，以 10G SDH 光网络产品进入德国为起点，通过与当地代理商合作，成功拓展了德国、法国、西班牙、英国等发达国家市场。

任正非认为，华为必须进行大公司战略，拥有 13 亿人口的泱泱大国必须要有自己的通信制造产业。作为民族通信工业的

后 记

一员,华为公司拼尽全力向前发展,争取进入国家大公司战略系列。当时很多研究者都认为,华为此举无异于痴人说梦。他们的理由是,在1997年、1998年,华为刚涉足国际市场时,并没有较多的业绩亮点。

不过,让这些研究者吃惊的是,1999年,华为的海外业务收入已经占到总营业额的4%了。当2001年中国大陆地区电信运营商分拆时,由于对小灵通业务的判断失误,当时的华为,面临着其发展历史中一个重大的困境。庆幸的是,华为海外业务的迅猛增长,成为促使华为走出电信冬天的关键因素之一。

经过20多年的国际化拓展,华为依然在许多国家不被认可。这让华为开始修正其国际化战略。也正因如此,华为才取得了举世瞩目的业绩。

为了解开华为国际化成功的密码,本书作者先后采访了关注和研究华为的商学院教授、智库创始人、培训师、学者,以及华为的部分高管,从多个角度介绍了华为创始人任正非以及华为秘不示人的国际化理念、经营策略、管理方略、国际化突围办法等。

基于此,作者还原了华为"农村包围城市"的国际化战略,如何从中国香港开启国际化市场,在拓展俄罗斯和欧美市场的低谷和拓展维艰,以及华为"以土地换和平"的战略转型,尤其是2019年遭遇美国的全面阻击,依旧高速增长的历程。同时也复盘了任正非在面临危机的关键时刻如何将华为从"深陷泥潭"指引到"独领风骚"的过程。

此过程虽然辛酸曲折,异常艰难,但是其做法却相对稳健。期望给处于转型困境中的4 500万家企业经营者、部门管理者、营销总监、研究者、创业者提供帮助。

这里,要感谢"财富商学院书系"的优秀人员,他们也参与了本书的前期策划、市场论证、资料收集、书稿校对、文字修改、图表制作。

以下人员对本书的完成亦有贡献,在此一并感谢:周梅梅、吴旭芳、简再飞、周芝琴、吴江龙、吴抄男、赵丽蓉、周斌、周凤琴、周玲玲、金易、汪洋、兰世辉、徐世明、周云成、周天刚、丁启维、吴雨凤、赵立军等。

在撰写本书的过程中,笔者参阅了相关资料,包括电视、图书、网络、视频、报纸、杂志等,所参考的文献资料,凡属专门引述的,我们尽可能地注明了出处,其他情况则在书后附注的"参考文献"中列出,并在此向有关文献的作者表示衷心的谢意!如有疏漏之处还望谅解。

本书在出版过程中得到了许多教授、专家、业内人士以及出版社编辑等的大力支持和热心帮助,在此表示衷心的谢意。

由于时间仓促,书中纰漏难免,欢迎读者批评斧正(邮箱:zhouyusi@sina.com)。同时也欢迎相关课题和出版社约稿、讲课和战略合作。联系方式如下。邮箱:450180038@

后 记

qq.com；微信号：xibingzhou；荔枝讲课：周锡冰讲台；公众号：caifushufang001。

周锡冰

参考文献

[1] 白长虹,刘春华.基于扎根理论的海尔、华为公司国际化战略案例相似性对比研究[J].科研管理,2014(03):99-107.

[2] 曹煦,张燕,侯隽,银昕.走进非洲——中国企业的投资故事[J].中国经济周刊,2018(36):16-21.

[3] 蔡钰.华为大举进入香港3G市场"示范"意义重于"效益"[N].财经时报,2004-01-12.

[4] 陈金图.狼的视野:华为国际化战略透视[J].企业研究,2013(23):56-60.

[5] 陈秋菊.华为公司国际化发展中的技术创新模式分析[D].长春:吉林大学,2017.

[6] 陈运红,杨帆.微观研究:金融动荡对中兴华为国际化市场的影响分析[J].中国通信,2008(4):36-40.

[7] 董明珠.赴美考察散记[J].思想政治工作研究,1995(05):38-39.

[8] 付玉辉.互联网传播蝴蝶效应和社会结构变迁[J].互联网天地,2012(03):43-44.

[9] 郭开森.华为的国际化逻辑[J].IT经理世界,2004(15):44-47.

[10] 郭开森.华为全面西化中?[J].IT经理世界,2004(17):66-69.

[11] 龚柏宇，贺明辉.华为的国际化进程研究［J］.中外企业家，2016（11）.
[12] 侯艳芳.华为的国际化模式分析——基于生产折中理论［J］.经营管理者，2015（15）.
[13] 金珍.华为国际化经营战略分析［D］.武汉：华中科技大学，2014.
[14] 林紫薇.华为公司国际化发展之略见［J］.新产经，2017（10）：77-78.
[15] 李宏超.浅析华为公司国际化战略选择的启示［J］.中国电子商务，2014（22）：224.
[16] 李哲.基于原产地效应的中国品牌国际化战略研究——以华为与奇瑞的比较为例［D］.北京：北京邮电大学，2010.
[17] 柳阳春.梦想在"贫瘠的土地"上生长——纪念我在非洲的十年［J］.华为人，2018（01）.
[18] 李超，崔海燕.华为国际化调查报告［J］.IT时代周刊，2004（18）：26-40.
[19] 李潮文.消失的"巨头"硅谷老将惠普走向没落［J］.第一财经周刊，2014（05）.
[20] 李前.华为在日本［J］.进出口经理人，2015（08）：32-34.
[21] 林腾.华为在海外怎么卖手机？［N］.中国贸易报，2017-02-28.
[22] 刘红燕.华为公司国际化路径与模式分析［J］.改革与战略，2014（07）：131-134.
[23] 刘旭.中外制造类大型企业国际化内生能力的比较研究——基于联想及华为国际化实践的三层次模型分析［J］.南京航空航天大学学报（社会科学版），2013（04）：21-27.
[24] 刘建丽.华为国际化突围的内部支撑要素剖析［J］.中国经贸导刊，2011（04）：55-57.
[25] 刘丹.华为海外拓展的新加坡往事［N］.经济观察报，2011-09-07.
[26] 卢梦琪.上海硅知识产权交易中心经理万雪佼：开源与便捷成为处

参考文献

理器 IP 授权新趋势［N］.中国电子报，2019-09-10.

［27］梁睿瑶.冬天里的华为［J］.中国企业家，2019（09）：106-109.

［28］马晓芳.华为战思科即将上演：双方技术差距明显缩小［N］.第一财经日报，2012-04-12.

［29］马晓芳.华为的国际化悖论［J］.理财，2007（06）：7.

［30］马树娟.华为中兴在美悲壮前行［N］.法治周末，2012-10-17.

［31］片联人力资源部.一个系统部部长的七年欧洲之旅.［J］华为人，2011（11）.

［32］彭博.华为欧洲奋斗史：办公室设备只舍得买宜家 每周飞五个国家是常事［EB/OL］.2019-07-07.https：//new.qq.com/omn/TEC20190/TEC2019070700274908.html.

［33］丘慧慧，朱志超.华为的天花板［J］.商周刊，2012（10）：69.

［34］钱瑜，石飞月.中国通信企业技术逆袭 苹果向华为交专利费［N］.北京商报，2016-05-11.

［35］任正非.赴美考察散记［J］.深圳特区科技，1996（04）：38-41.

［36］任正非."我们要鼓励自主创新就更要保护知识产权"［J］.中国企业家，2006（z1）：30-33.

［37］任芷霓.华为一季度智能手机市场份额再超苹果 欧洲市场销量增长69%［N］.每日经济新闻，2019-05-29.

［38］单永贵.华为的国际化之道［J］.中小企业管理与科技（上旬刊），2006（04）：12-14.

［39］沈永言，吕廷杰.华为国际化成就背后的核心能力［J］.通信企业管理，2011（02）：54-56.

［40］陶勇.华为国际化熵变史［J］.经理人，2017（03）：26-37.

［41］唐元恺.华为的国际化之路［J］.中国电子商务，2004（7）：64-65.

［42］王力为，胡文燕，王嘉鹏，鲁晓曦.任正非说华为：从征服欧洲到征服全球［J］.财新周刊，2015（06）.

［43］吴芸芸，封红旗.华为R&D对我国企业经营与管理的启示研究［J］.中国市场，2019（05）：94-96.

［44］吴春波.静水潜流——华为国际化的启示［J］.中国企业家，2004（10）：72-73.

［45］王珏文.华为公司国际化经营战略研究［J］.全国流通经济，2018（31）：18-20.

［46］文眼.研发投入对创新创业有超常作用［N］.上海证券报，2015-12-11.

［47］许晖，单宇，冯永春.新兴经济体跨国企业研发国际化过程中技术知识如何流动？基于华为公司的案例研究［J］.管理案例研究与评论，2017（05）：433-448.

［48］谢文新，严永怡.华为公司国际化战略分析［J］.国际经贸探索，2010（9）：72-77.

［49］谢越群.由华为国际化经营浅谈中小企业国际化经营之路［J］.企业家天地下半月刊：理论版，2009（2）：48-49.

［50］牟西军.华为公司国际化实践与分析［D］.上海：复旦大学，2008.

［51］杨正莲.华为国际化路径上的美国壁垒［J］.中国新闻周刊，2012（39）：40-43.

［52］姚友兰.企业国际化路径比较——TCL、华为国际化路径比较分析［J］.东方企业文化，2010（15）：110.

［53］杨艳秋.华为：用不断创新为客户创造价值［J］.中国品牌，2014（02）：42-43.

［54］杨正莲.华为VS思科：十年战争烽烟再起［J］.中国新闻周刊，2012（10）：37-41.

［55］杨洁.亨通光电拟通过发行股份及支付现金收购华为海洋51%股权［N］.中国证券报，2019-06-03.

［56］郑舒，徐梦艺.从华为的成功看中国企业的跨国经营［J］.企业导报，2012（02）：110.

[57] 朱汉祺.中国民营企业海外并购的公共外交视角分析——以华为为例[J].公共外交季刊,2016(03).

[58] 钟晨.基于扎根理论的华为公司国际化战略研究[J].经济论坛,2011(06):221-223.

[59] 周禹彤.华为公司国际化经营战略探析[J].中国经贸,2016(22):146-146.

[60] 周歆卓.华为公司国际营销策略研究[D].长春:吉林大学,2018.

[61] 张璐晶.华为靠什么在墨西哥立足?[J].中国经济周刊,2015(20):78-80.

[62] 张景云.中国品牌全球化战略:华为的案例研究[J].品牌研究,2018(02):3-7.

[63] 张华伟,陈俊芳.华为国际化进程中动态联盟策略的运用[J].安徽农业科学,2006(02):393-394.

[64] 邹光灿,张力奋.虚拟股票期权:基于EVA的管理层激励体系设计[J].财会月刊,2004(10):46-47.

[65] 邹艳.中国电信制造业国际化经营启示——对中兴、华为集团的实证分析[J].企业经济,2009(08):148-150.

[66] 周展.华为有限公司知识积累的国际化战略研究[D].湘潭:湘潭大学,2014.